POUR CLÉMENCE ET LARA,
DEUX VRAIES AMIES
DES CHEVAUX.

À HÉLÈNE ET CLAUDINE,
QUI ONT TANT « GALOPÉ »
POUR CE LIVRE !

S. L.

L'auteur et les Éditions Milan remercient le poney-club Salles-Sud de Beaumont-sur-Lèze, Éliane et Bernard, Marie-Jo, la monitrice et les jeunes cavalières qui nous ont fait partager leurs expériences et leur passion… sans oublier les chevaux ou les poneys, tous très coopératifs, qui, avec beaucoup de patience, nous ont livré leurs secrets et donnent chaque jour tant de bonheur à toutes les cavalières.

Merci également aux magasins Decathlon et Ibero Import, et à Cheval d'Aventure pour leur aimable collaboration, ainsi qu'à tous ceux qui, de près ou de loin, ont contribué à la réalisation de cet ouvrage.

WWW.EDITIONSMILAN.COM

300, RUE LÉON-JOULIN
31101 TOULOUSE CEDEX 9, FRANCE

LOI 49.956 DU 16 JUILLET 1949 SUR LES PUBLICATIONS
DESTINÉES À LA JEUNESSE

ISBN : 978.2.7459.1083.7
DÉPÔT LÉGAL : 2E TRIMESTRE 2008
IMPRIMÉ EN FRANCE
CHEZ POLLINA - n° L46767

Stéphanie Ledu

À cheval les filles !

Illustrations
de Cécile Hudrisier

MILAN
jeunesse

Salut ! C'est moi, Lilou !

Comme toi, j'adore le cheval.
J'ai décidé de partir à la découverte de son univers.
Connaître son histoire et le suivre à travers
le monde, bien le monter, savoir le comprendre
et le chouchouter...
Ça te dirait de venir avec moi ?
Suis-nous, c'est par là !

CAVALIÈRE D'AUTOMNE

UN HIVER AU MANÈGE

BALADE DE PRINTEMPS

CHEVAUCHÉE D'ÉTÉ

DES CHEVAUX ET DES FILLES

Sais-tu combien il y a de chevaux dans le monde ? Environ 61 millions, dont 10 millions en Europe et 350 000 en France. Quant aux cavaliers, ils sont près de 200 000 dans notre pays… et 7 sur 10 sont des filles !

Il trotte tout le temps dans ta tête, c'est sûr ! Mais te souviens-tu du jour précis où ton histoire d'amour avec le cheval a commencé ?

CAVALIÈRE D'AUTOMNE

D'accord, c'est ton animal préféré, c'est lui le plus beau... Mais tu en as assez de l'admirer de loin. Maintenant, tu veux apprendre à monter, et passer du temps auprès de lui. Qui sait jusqu'où te mènera cette nouvelle aventure ?

Hourra !

Demain, je m'inscris au poney-club de Salles-Sud !

Je vais enfin galoper cheveux au vent, voyager et dormir avec mon cheval à la belle étoile...

Enfin, peut-être pas tout de suite : j'ai ouvert mon livre d'équitation...

C'est fou les tonnes de choses à savoir avant de devenir une vraie Apache !

BIENVENUE !

C'EST LE BON ENDROIT POUR VIVRE ET PARTAGER TA PASSION. NE SOIS PAS TIMIDE : POUSSE LA PORTE DU CLUB ET ENTRE AU ROYAUME DU CHEVAL !

Suivez le guide !

En France, on compte environ 4 500 clubs équestres. Aucun ne ressemble tout à fait à l'autre... Mais ils sont tous à peu près organisés de la même façon !

Cherche ton club

« J'aimerais tant monter à cheval... » Génial, tes parents ont dit oui ! Mais comment trouver le bon centre équestre ? Renseigne-toi d'abord auprès de tes copines : certaines pratiquent peut-être déjà. Lorsque tu as récolté des adresses, décroche ton téléphone pour demander à visiter. Un conseil : choisis un mercredi ou un samedi, c'est là que tu verras le plus d'activités !

Le **MANÈGE** est couvert : pratique quand il pleut ! Les débutants y prennent aussi souvent leurs leçons.

Les chevaux logent à l'**ÉCURIE**, dans des box ou des stalles. À la belle saison, ils peuvent aussi vivre nuit et jour au pré.

APPRIVOISE TON MONITEUR

Attentif, il suit tes progrès et t'apprend à t'occuper de ton cheval. Patient, il te met en confiance et répond à toutes tes questions. Et en plus des leçons, il s'occupe aussi de dresser, de soigner et de veiller sur tous les chevaux du club... À toi de te montrer à la hauteur !

SUIS TES ENVIES

Faire plus tard partie d'une équipe de voltige, participer à des compétitions de saut d'obstacles... C'est ton rêve ! Alors, choisis dès maintenant un club en fonction de ses spécialités.

Le journal de Lilou

Première nouvelle : je ne vais pas monter un CHEVAL, mais un PONEY ! En plus, figurez-vous que c'est le même animal ! C'est juste une question de taille : au-dessous de 1,48 m au garrot, on dit poney. Au-dessus, on dit cheval. Et à 3 m, on dit girafe !

Aujourd'hui, il fait beau : la reprise a lieu à l'extérieur, dans la **CARRIÈRE**. C'est un grand espace clos, au sol recouvert de sable.

Le tour de la question

N'hésite pas :
- à participer à une leçon d'essai ;
- à demander quel est le nombre d'élèves à chaque reprise (6 maximum, c'est l'idéal !).

Demande-toi enfin :
- si le club est assez près de chez toi : de longs trajets te lasseront vite ;
- si le prix des leçons convient à tes parents.

La **SELLERIE** est toujours bien rangée. Chaque cheval y a son harnachement (sa selle et son filet) étiqueté à son nom.

Le **CLUB-HOUSE** est la zone d'accueil. Avant chaque leçon, tu y découvriras sur le tableau d'affichage le nom du cheval que le moniteur t'a attribué.

Mène l'enquête

Les chevaux ont-ils l'air en bonne santé ? Sont-ils calmes ? Les box et la sellerie sont-ils bien tenus ? Oui ? Alors, tu es dans un bon club. Maintenant, essaie de te faire une idée de l'ambiance. Pense que tu vas passer de longs moments au centre équestre, et « adopte » celui que tu trouves le plus sympa !

UN CAHIER PLEIN D'IDÉES

TA VIE EST UNE AVENTURE...
DONT LE CHEVAL FAIT MAINTENANT PARTIE !
ET SI TU RACONTAIS TOUT ÇA DANS UN CAHIER ?
LEÇON APRÈS LEÇON, C'EST FACILE ET PAS SI LONG QUE ÇA...

UN CAHIER, POUR QUOI FAIRE ?

- En notant (et en résumant) au fur et à mesure ce que tu as appris, tes leçons t'apparaîtront plus claires. Magique !
- Si tu passes un jour tes « galops », ton cahier te permettra de réviser tout en douceur...
- C'est fou ce qu'on oublie vite : plus tard, tu seras aussi très contente de mesurer le chemin parcouru !

Essentiel : la couverture !

Rien à voir avec un cahier d'écolier ! Pour avoir envie de l'ouvrir souvent, il faut d'abord lui fabriquer... une jolie couverture !

MOSAÏQUE

Découpe plein de photos de chevaux et colle-les harmonieusement.

GRAPHIQUE

Commence par le fond en collant des rectangles de papiers de couleur. Colle des silhouettes de chevaux découpées dans du papier noir. Pour les lettres, joue avec les styles et les couleurs.

Le pense-bête pratique

Zut, zut ! Où sont les coordonnées du club ? Plus besoin de chercher ! Tu les trouveras à la première page de ton cahier.

PENSE À FAIRE DES PHOTOS DU CLUB, DES GENS QUE TU Y RENCONTRES, DES CHEVAUX... ET AJOUTE TES COMMENTAIRES !

ÉCHANGE TON NUMÉRO DE TÉLÉPHONE AVEC TES COPINES DU CLUB. PRATIQUE POUR ORGANISER DES TRAJETS GROUPÉS, OU LES INVITER À TON ANNIVERSAIRE !

Le temps des leçons

Hop ! Chaque semaine après ton retour du club, prends ton stylo et fais un petit récapitulatif. Pour mieux mémoriser tes leçons, soigne la présentation !

N'HÉSITE PAS À FAIRE DES PETITS CROQUIS POUR BIEN TE SOUVENIR !

LES PETITES HISTOIRES DU CLUB... TU N'ES PAS PRÈS DE LES OUBLIER SI TU PENSES À LES NOTER !

TU VEUX PROGRESSER ? FIXE-TOI DES OBJECTIFS, SUR LA PRATIQUE, MAIS AUSSI SUR TES CONNAISSANCES THÉORIQUES. DÉTERMINE UNE DATE PRÉCISE... ET JURE DE T'Y TENIR !

« TRUCS » EN PLUS !

Laisse galoper ton imagination : les bonnes idées fourmillent pour remplir les pages ! En voici quelques-unes. À toi de trouver les autres.

« Ta crinière est le nuage ondulé du midi qui vole dans les airs »
(Omaja, poète arabe)

Tes races préférées : la semaine dernière, tu craquais pour le beau lusitanien... cette semaine, pour le PONEY WELSH ! Profites-en pour trouver une belle photo et noter en quelques lignes les particularités de chacun.

UNE PHRASE OU UNE CITATION QUI TE FONT RÊVER, UN POÈME... OU, POURQUOI PAS, UNE BELLE HISTOIRE DE CHEVAUX NÉE DE TA PLUME !

GRIBOUILLIS ET ŒUVRES D'ART : REGROUPE-LES DANS TON CAHIER POUR LES FAIRE ADMIRER OU TOUT SIMPLEMENT POUR LES CONSERVER !

TON CAHIER EST FINI ? BRAVO ! TU PEUX ÊTRE FIÈRE DE TOI... ET COMMENCER LE SUIVANT !

TU M'AS BIEN REGARDÉ ?

L'HIPPOLOGIE, C'EST L'ÉTUDE DU CHEVAL. ÇA TOMBE BIEN ! MOI, LE CHEVAL, J'ADORE QU'ON M'ADMIRE... SURTOUT QUAND ON SAIT TROUVER LES MOTS QU'IL FAUT.

JE SUIS VRAIMENT UNIQUE...

En plus de ma robe, ces petits détails me distinguent des autres :

- les taches blanches sur la tête : elles s'appellent « marques en-tête » au-dessus des yeux et « listes » sur le chanfrein ;
- les épis : des touffes de poils qui partent dans tous les sens ;
- les balzanes : mes « chaussettes » blanches.

Ne dis pas n'importe quoi !

« Il a de grandes pattes... » « Sa gueule est grande ouverte... » C'est de moi que tu parles ? Aïe ! Sache que les parties de mon corps portent des noms précis, que toute bonne cavalière doit connaître. Comme toi, j'ai des jambes, une bouche... et pas de « museau », mais un bout du nez !

CANONS DE BEAUTÉ

Toi, tu m'aimes... et tu me trouves beau ! En réalité, c'est un peu moins simple. Pour être un « vrai » beau cheval, je dois correspondre aux standards de ma race et être adapté à mon « travail » : la course si je suis un pur-sang, le labeur si je suis un cheval de trait...

T'AS VU LE SOURIRE ? J'AI 40 DENTS (PLUTÔT JAUNES) QUI N'ARRÊTENT JAMAIS DE POUSSER.

EN ÉTUDIANT L'USURE DE MES INCISIVES (LES DENTS DE DEVANT), ON PEUT DEVINER MON ÂGE.

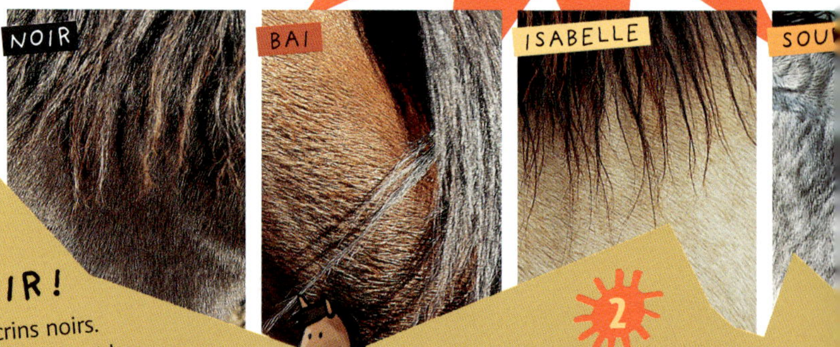

Un tour dans ma garde-robe

Ma robe, c'est la couleur de mes poils et de mes crins. Les hommes ont inventé une « classification officielle », avec 4 grandes familles de base que tu dois retenir. Suis bien, c'est un peu compliqué...

1 TOUT NOIR !

Il a le poil et les crins noirs. Facile... mais pas très courant !

2 NOIR ET AUTRE

Là, c'est la famille des chevaux « bais », avec les crins et le bas des jambes noirs. Leur poil peut être :

Marron rouge : on parle d'un cheval « bai ».

Jaune : c'est un « isabelle ».

Gris : c'est un cheval « souris ».

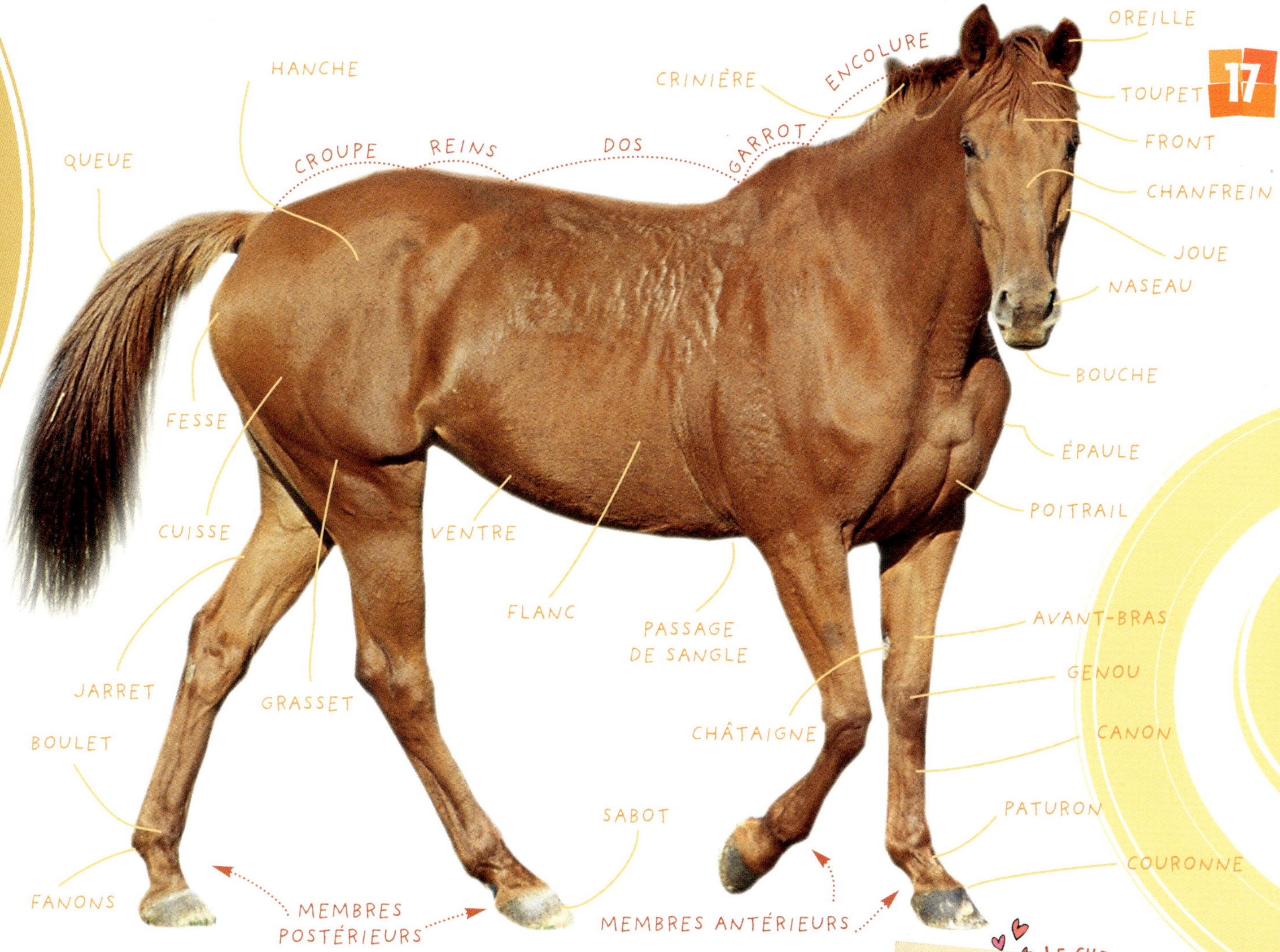

3 SANS CRINS NOIRS

Ce sont les chevaux « alezans ». Eux aussi portent des noms différents selon leur couleur :

- Marron, crins marron : c'est un « alezan ».
- Poils jaunes, crins écrus : c'est un « palomino ».
- Jaune, crins jaunes : c'est un « café au lait ».

4 FAMILLE AUTRE

On y range tous les chevaux dont on n'arrive pas à définir la robe de base. Par exemple, les chevaux pie, parsemés de larges taches blanches.

LE CHEVAL DE LILOU

L'APPALOOSA

Au XVIIIe siècle, au bord de la rivière Palouse, au nord-ouest des États-Unis, les Indiens nez-percés ont sélectionné et élevé des chevaux tachetés. Pratique pour ne pas les confondre : chaque robe est différente !

18 UN GRAND SENSIBLE COMME MOI

JE NE VOIS PAS PLUS GROS

Parmi tous les animaux terrestres, je possède les plus gros yeux : jusqu'à 5,5 cm de diamètre, presque comme une balle de tennis. Mais ce n'est pas pour autant que je vois les objets plus gros que toi !

MES SENS SONT BEAUCOUP PLUS DÉVELOPPÉS QUE LES TIENS. POURQUOI ? PARCE QU'À L'ÉTAT SAUVAGE, JE SUIS UNE PROIE FACILE... QUI NE PEUT COMPTER QUE SUR SES YEUX, SES OREILLES ET SON NEZ POUR REPÉRER LE DANGER !

Je t'ai vue !

Je vois tout à la fois : l'herbe que je suis en train de brouter et l'horizon que je surveille... Toujours sur le qui-vive, mon attention est attirée par le mouvement et les objets nouveaux. Et dans la pénombre, je vois bien mieux que toi !

MUSCLÉ DES OREILLES

Pour localiser un bruit, tu tournes la tête. Pas moi ! Avec 16 muscles chacune, mes oreilles sont mobiles dans tous les sens. Elles sont même indépendantes, pour écouter 2 bruits à la fois ! En plus, je perçois les ultrasons (très aigus) et les infrasons (très graves) là où tu n'entends... que du silence.

LE JOURNAL DE LILOU

L'ÂNE

D'accord, ce n'est pas un cheval. Mais il ressemble à son cousin, avec de très grandes oreilles ! Ces « cornets » super mobiles sont de vrais radars... À part ça, l'âne n'est pas la tête de mule que l'on croit : il est gentil et intelligent. Moi, je craque complètement pour lui !

Vision extra large

Toi, tu as les yeux sur le devant de la tête. Moi, j'en ai un de chaque côté... ce qui me permet de voir presque à 360 ° (sauf 2 « angles morts », un situé sous mon nez, et l'autre derrière moi). Lorsque tu es sur mon dos, je vois donc tes mains bouger. Pas de gestes brusques s'il te plaît : ça me fiche une trouille bleue !

LECTEUR D'ODEURS

Je vis dans un monde d'odeurs qui te sont totalement inconnues... Je peux par exemple « sentir » ta peur à l'odeur de ta sueur ! Nez au vent, je suis capable de repérer un ennemi, de la nourriture et même de l'eau à des kilomètres à la ronde.

ÇA SENT QUOI ?

Encolure tendue, lèvre retroussée, l'étalon renifle l'air : il a senti l'odeur spéciale d'une jument en chaleur. Cette grimace très particulière s'appelle le « flehmen ». Le cheval la fait aussi parfois pour analyser une nouvelle odeur.

BON NEZ, BON GOÛT

D'abord je flaire, puis j'analyse... C'est au nez que je sais si une plante est bonne ou toxique ! Comme toi, je différencie les 4 saveurs : amer, acide, salé, sucré... avec une préférence pour la dernière !

CHATOUILLEUX DES MOUSTACHES

Une mouche se pose sur mon dos ? Hop, je contracte le bon muscle pour la chasser ! Évidemment, je n'ai pas de mains... Mais mes lèvres et surtout les longs poils situés au bout de mon nez, les vibrisses, me permettent de tout « tâter ». Attention : ne les coupe jamais !

PAROLE D'EXPERTE

POIGNÉE DE NEZ

Pour faire connaissance, 2 chevaux se flairent longuement. Chacun se souviendra toute sa vie de l'odeur de l'autre ! Ton cheval te reconnaît aussi comme ça : pour lui dire bonjour, souffle doucement dans ses naseaux...

APPROCHE, N'AIE PAS PEUR !

LA PREMIÈRE FOIS, TU ES IMPRESSIONNÉE : IL EST TELLEMENT GRAND, CE CHEVAL ! RASSURE-TOI : SI TU L'ABORDES AVEC FRANCHISE ET GENTILLESSE, IL SE SENTIRA TRÈS VITE EN CONFIANCE, ET TOI AUSSI...

Je viens te chercher !

Ton cheval est au pré ? Pour commencer, reste derrière la barrière et appelle-le. Il t'a vue ? Entre et marche vers lui tranquillement, le licol à la main, en continuant à lui parler.

Arrivée à sa hauteur, tends-lui la main pour qu'il la renifle, fais-lui une caresse sur l'encolure. Puis, passe-lui le licol.

L'ABORDER AU BOX

La recette est la même qu'au pré : sois calme avant tout ! Si tu dois le contourner par l'arrière, garde une main sur sa croupe et fais-la glisser le long de sa queue quand tu te déplaces : cela évite qu'il botte.

JE T'ATTRAPE !

Pour conduire ton cheval, tu dois lui mettre un licol auquel est fixée la longe. Regarde, c'est facile !

1 Place-toi à gauche de ton cheval, à hauteur de sa tête. Tiens le licol par le haut des montants, et enfile la muserolle sur son nez en remontant jusqu'au milieu du chanfrein.

2 Avec ta main droite, passe doucement la têtière derrière ses oreilles.

3 Boucle la têtière du côté gauche.

C'est parti !

Tiens la longe de la main droite près du licol, et attrape l'extrémité de la main gauche. Si elle est trop longue, replie-la. Attention : ne l'enroule jamais autour de ta main. Si ton cheval tirait brusquement, tu pourrais te faire très mal. Place-toi à gauche de ton cheval, un peu en avant de son épaule. Marche à la même allure que lui... et regarde où tu vas !

ATTENTION

Code de conduite

- Règle n° 1 : on n'aborde jamais un cheval par l'arrière, au risque de prendre un coup de pied !
- Règle n° 2 : même si tu es très heureuse de le retrouver, ne cours pas, ne crie pas et évite les gestes brusques.
- Si tu es en colère ou énervée, calme-toi avant de l'approcher.

LE BON NŒUD

Pour faire un brin de toilette à ton cheval avant la leçon, ou pour le harnacher, tu dois l'attacher. Mais pas n'importe comment ! Entraîne-toi à faire le « nœud d'écurie », facile à détacher rapidement et d'une seule main.

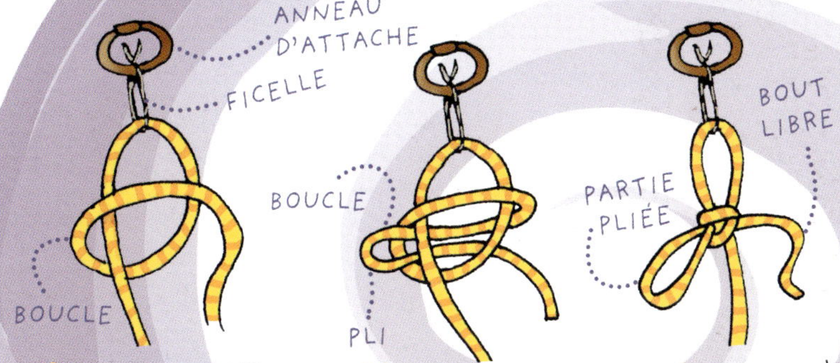

1. Passe la longe dans l'anneau d'attache. Ramène-la sur elle même en faisant une boucle.
2. Replie l'extrémité libre de la longe. Passe-la derrière la partie qui retient le cheval, puis à travers la boucle.
3. Tire sur la partie pliée. Pour détacher le nœud, tire sur le bout libre.

IL « TIRE AU RENARD »

Si un cheval a peur quand il est attaché, il tire en arrière : par instinct, il essaie de fuir ! Il peut alors se blesser. Ton cheval est nerveux ? N'accroche pas sa longe directement à l'anneau d'attache, mais à une ficelle qui cassera facilement.

VOCABULAIRE

LE LICOL

LE JOURNAL DE LILOU

Câline, elle aurait dû s'appeler Courant d'air : impossible de l'approcher ! Dès que je faisais un pas vers elle (très doucement), elle filait de l'autre côté du pré ! Heureusement, la monitrice est arrivée avec une carotte. La grosse gourmande n'a pas pu résister ! La prochaine fois, j'en mets une dans chaque poche !

EXPERTE EN CHOUCHOUTAGE

COMME TOI, LE CHEVAL TRANSPIRE ET SE SALIT. À TOI DE PRENDRE EN MAIN SA TOILETTE. OFFRE-LUI TOUJOURS UN BON « PANSAGE » : TU NE PEUX PAS LUI FAIRE PLUS PLAISIR !

Merciiiiiih !

Quand tu le bichonnes, le cheval se détend. Il adore ça ! Pour toi, c'est l'occasion de vérifier que tout son corps est en bonne santé. Et ce moment de bien-être que tu lui offres resserre vos liens d'amitié !

1

L'étrille sert à décoller la crasse, les poils morts... Passe-la en rond, en évitant la tête de ton cheval et ses articulations.

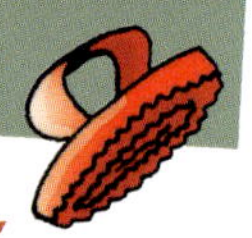

ÉTRILLE

2

Pour enlever les saletés décollées par l'étrille, brosse vigoureusement avec le bouchon : à rebrousse-poil d'abord, puis dans le sens du poil.

BOUCHON

Quand faut-il le doucher ?

Seulement quand il fait chaud : ton cheval aussi peut attraper un rhume ! Attention : il déteste les jets trop puissants, l'eau trop froide et les éclaboussures dans les yeux, les oreilles ou les naseaux.

COMMENT FAIT-IL DANS LA NATURE ?

En se frottant aux arbres, il débarrasse son pelage des cellules mortes et des brindilles.

Autre solution : se rouler dans la poussière...

Impossible de se gratter le dos : on s'arrange entre copains !

LE JOURNAL DE LILOU

Oh ! là, là !
Ce matin, on a appris à panser les poneys. J'étais en train de nettoyer Tornade avec l'étrille quand la monitrice m'a dit : « C'est bon, Lilou, prends le bouchon ! »
J'ai répondu sans réfléchir : « Pour boucher quoi ? »
Et tout le monde a éclaté de rire !

La honte...

BROSSE DOUCE

Pour parfaire le pansage, lisse le poil...

3

4

Et fais-le briller avec l'époussette humide !

ÉPOUSSETTE

5

Dernière opération : un coup d'éponge humide sur ses yeux et ses naseaux.

ÉPONGE

Prends soin de ses crins

Sa crinière

Démêle-la souvent avec un peigne pour éviter les nœuds.

Sa queue

Nettoie-la avec le bouchon, puis démêle les crins à la main ou avec une brosse douce.

Jusqu'aux sabots !

Sous ses pieds s'accumulent terre et cailloux. Curage indispensable !

ZONE À ÉVITER !

ZONE À CURER

TON INSTRUMENT : LE CURE-PIED.

Tourne le dos à sa tête, glisse ta main jusqu'au paturon, puis demande-lui de soulever le pied. Cure toujours de l'arrière vers l'avant du pied.

ATTENTION ! CERTAINES PARTIES DE SON PIED SONT SENSIBLES.

PORTRAIT

PALEFRENIER-SOIGNEUR

Son rôle, c'est de dorloter les chevaux ! Il les nourrit, les soigne, les panse, assure l'entretien des box... Existe-t-il des femmes palefreniers ? Oui ! Mais il faut être assez forte et résistante, car ce n'est pas un métier de tout repos...

BELLE COMME UNE CAVALIÈRE

BOMBE DE VELOURS ET BOTTES DE CUIR : C'EST LA TENUE DE TES RÊVES. POUR LA BOMBE, C'EST OBLIGATOIRE. POUR LE RESTE, COMMENCE PAR PIOCHER DANS TON ARMOIRE...

Le vrai luxe, c'est le confort

Toute ronde, la **BOMBE** possède une coque très solide recouverte de velours.

Le **PANTALON D'ÉQUITATION** est extensible et renforcé à l'intérieur des genoux.

Le **CASQUE** est encore plus efficace en cas de chute ! Il possède aussi une visière plus large, qui te protégera mieux du soleil et de la pluie.

CONSEIL D'AMIE

Tu aimerais mieux monter avec ton pantalon préféré, évite le jean avec ses grosses coutures : attention aux irritations...

Portés avec des **BOOTS**, les **MINICHAPS**, sortes de guêtres, tiennent bien les mollets et protègent des frottements.

CE N'EST PAS SCIENTIFIQUE, MAIS C'EST PROUVÉ : PLUS TU TE SENS ÉLÉGANTE, PLUS TU TE SENS EN CONFIANCE ...

Indispensable dès le début, la **CRAVACHE** te fait déjà te sentir un peu cavalière !

Les **BOTTES** en caoutchouc ne craignent pas la boue. Leur talon empêche le pied de se coincer dans l'étrier.

À TOI DE CHOISIR UN JOLI HAUT !

COMBIEN ÇA COÛTE ?

Pour une leçon d'essai, le club te prêtera l'équipement. Si tu t'inscris, il te faudra acheter ta bombe (à partir de 30 €), des bottes (à partir de 13 €) et une cravache (à partir de 5 €). Pense qu'en grandissant, tu devras les remplacer régulièrement !

Petits plus

Pas indispensables, mais agréables !

Gants spéciaux

Leurs paumes antidérapantes évitent que les rênes ne glissent entre tes doigts.

Bien au chaud

Un vêtement trop épais t'engoncerait. La solution : une veste matelassée sans manches, qui te laisse libre de tes mouvements.

PAS DE CHEVEUX DANS LES YEUX !

C'est une question de sécurité : pour monter, les filles sont priées d'attacher leur crinière...

Original : triple tresse
Fais 3 tresses avec ta chevelure, puis tresse-les à leur tour.

Rigolo : macarons express
Sépare tes cheveux en 2. Torsade chaque couette bien serré, enroule-la puis attache-la avec un chouchou assez bas sur la nuque.

Classique et chic

Si tu participes un jour à des concours de saut d'obstacles ou de dressage, tu devras porter cette tenue complète :
en haut : une veste bleue ou noire, une chemise blanche, des gants. Une cravate est appréciée.
en bas : une culotte d'équitation beige, des bottes.

FRANGES ET CARREAUX, FOULARD ET CHAPEAU : LES COW-GIRLS SONT PRÊTES POUR LE CONCOURS D'ÉQUITATION WESTERN. YEEEPEEEE !

Bien choisir ta bombe ou ton casque

- Ils doivent correspondre à la norme de sécurité européenne.
- Pour choisir la bonne taille mets-le/la sans l'attacher, remue la tête dans tous les sens... Il/elle reste en place ? C'est parfait !
- Ne l'achète jamais d'occasion : il/elle pourrait avoir subi des chocs.

PAS DEUX COMME MOI

Pour personnaliser ta bombe, décore-là en suivant ces idées... ou inventes-en d'autres !

CHAMPÊTRE

Champêtre
Découpe des fleurs et des feuilles dans plusieurs papiers adhésifs, et colle-les sur ta bombe.

SIGNÉE

Signée
Écris ton prénom en lettres fantaisie avec des peintures spéciales textile.

Enrubannée
Réalise des motifs géométriques en collant des rubans de couleurs.

ENRUBANNÉE

SELLER ET BRIDER

TON CHEVAL EST PROPRE COMME UN SOU NEUF ? IL EST TEMPS DE L'HARNACHER, C'EST-À-DIRE DE L'ÉQUIPER D'UNE SELLE ET D'UNE BRIDE POUR LE MONTER. LEÇON EN IMAGES !

BIEN EN MAIN

- Porte le filet sur l'épaule, pour que les rênes ne traînent pas par terre. Sinon, gare aux cuirs abîmés... et à la chute !
- Porte la selle sur un avant-bras, pommeau au creux du coude, sangle posée sur le siège. Ainsi, ton autre main reste libre !

Selle ton cheval

1 Pose le tapis de selle un peu en avant de sa place normale.

Bride ton cheval

1 Déboucle le licol et reboucle-le autour de l'encolure : ainsi, ton cheval reste attaché. Place les rênes sur l'encolure.

2 Présente le mors à ton cheval. Il ne veut pas ouvrir la bouche ? Passe ton pouce à la commissure des lèvres. Rien à craindre, il n'a pas de dents à cet endroit !

3 Place la têtière par-dessus une oreille, par-dessus l'autre (doucement !) et rabats le toupet devant le frontal.

2 Pose la selle (en avant elle aussi) sur le tapis. Glisse ensuite les deux jusqu'à la bonne position. Soulève légèrement le tapis au niveau du garrot (on dit « dégarotter »).

3 Passe du côté droit du cheval et fais pendre la sangle. Repasse à sa gauche, attrape la sangle sous son ventre et boucle les sanglons sous le quartier de la selle.

4 Attache la muserolle.

AJUSTE LA SOUS-GORGE : TU DOIS POUVOIR Y PASSER LE POING.

5 Boucle la sous-gorge.

DANS QUEL ORDRE ?

Si ton cheval est attaché, commence par le seller. Mais s'il est au box ou en liberté, mets d'abord le filet. Pourquoi ? Parce qu'il ne pourra pas s'échapper si tu le tiens par les rênes... et que certains coquins adorent se rouler par terre sitôt sellés !

MAINTENANT, EN SELLE !

LE GRAND MOMENT EST ARRIVÉ. TU ES PRÊTE, TON CHEVAL AUSSI, ALORS EFFECTUE LES DERNIERS RÉGLAGES ET HOP !

TRUCS ET ASTUCES

POUR AJUSTER TES ÉTRIERS, LA LONGUEUR DE L'ÉTRIVIÈRE (LA COURROIE DE CUIR PORTANT L'ÉTRIER) DOIT ÊTRE À PEU PRÈS ÉGALE À CELLE DE TON BRAS.

Vas-y, monte !

Sois sympa pour ton cheval : fais-toi légère pour ménager son dos !

1 Avec ta main gauche, tiens les rênes ajustées et attrape une poignée de crins (ça ne lui fait pas mal !).

2 Chausse ton pied gauche au tiers dans l'étrier.

3 Attrape le troussequin (partie relevée à l'arrière de la selle) de la main droite, et prend appel sur la jambe droite.

Pourquoi monter à gauche ?

QUESTION

Autrefois, les cavaliers étaient souvent des militaires. Ils portaient leur sabre du côté gauche. Impossible pour eux d'enfourcher le cheval par la droite, avec le sabre battant au-dessus de la croupe... Par tradition, on continua ensuite à monter à gauche ! Pour le reste (passer le licol, mener en mains, brider, seller), c'est juste une question pratique. Le cheval est rassuré par l'habitude... Alors, on l'aborde toujours à gauche !

RESSANGLE !

Lorsque tu sangles ton cheval, il a le réflexe de gonfler son ventre. Puis, petit à petit, il le dégonfle. Ressangle avant de monter, au risque sinon de voir la selle tourner !

4 Hop ! Passe la jambe droite au-dessus de la croupe de ta monture... bien haut, sans la toucher !

5 Et te voilà en selle !

SANS SELLE !

Monter « à cru », c'est la plus ancienne façon de pratiquer l'équitation ! Ça te paraît périlleux ? C'est vrai, tu as moins de points d'appui... Mais tu sens aussi bien mieux les mouvements de ton cheval, et c'est génial !

J'veux descendre !

Bon, d'accord...

1 Prends les rênes dans ta main gauche et déchausse les étriers.

2 Penche-toi vers l'avant et passe la jambe droite par-dessus la croupe (sans la toucher !).

3 Laisse-toi glisser... et atterris en douceur (sur la pointe des pieds, genoux fléchis) !

LE CHEVAL DE LILOU

LE PONEY SHETLAND

C'est le copain des débutants, et mon chouchou à moi ! Il est tout petit mais super robuste : aux îles Shetland (au nord de l'Angleterre) il fait gla-gla et il y a tout le temps du vent. La végétation y est si pauvre qu'il lui arrive même de manger des algues !

SOUPLE ET DÉTENDUE

COURBATURES, NON MERCI

Fais ces exercices aussi après ta leçon. Attention : quand tu étires un muscle, tu dois ressentir une tension, jamais une douleur. Reste concentrée, et respire calmement.

EN TRAVAILLANT TA FORME RÉGULIÈREMENT, TU TE SENTIRAS PLUS À L'AISE À CHEVAL ET TU AMÉLIORERAS TON ASSIETTE. VAS-Y, BOUGE !

Échauffement à pied

Avant de monter, prépare tes muscles à l'effort, avec une priorité sur tes jambes. Temps nécessaire : 3 min 10, montre en main !

LE DEVANT DES CUISSES

Debout, jambes serrées, attrape ton pied droit dans ta main gauche, et plie la jambe en tirant le pied vers le haut. Même chose avec la jambe gauche, 30 s chacune.

L'ARRIÈRE DES CUISSES

Tends une jambe en avant, replie l'autre en arrière. Fléchis le buste sur la jambe allongée. Après 20 s, change de côté.

LES ADDUCTEURS

(à l'intérieur des jambes)

Plie une jambe et pose tes mains à plat à son niveau. Tends l'autre jambe au maximum, côté du pied au sol. 30 s pour chaque jambe.

LES CHEVILLES

Place-toi debout sur une marche en y posant le premier tiers du pied. Fais monter et descendre tes talons, en gardant les jambes tendues pendant 30 s...

LE JOURNAL DE LILOU

Dimanche, je suis allée chez Jacques, mon oncle docteur. Il m'a dit que pour mieux monter à cheval, j'ai intérêt à faire d'autres sports : la natation pour me muscler, le jogging pour développer mon endurance, le roller pour améliorer mon équilibre... Hé, Tonton, tu viens t'entraîner avec moi ?

Gym à cheval

Des exercices, il en existe plein. Avant la leçon, ils te décontractent, et te prouvent que tu es plus douée pour tenir à cheval que ce que tu croyais ! Au début, tu les feras sur cheval arrêté, puis au pas, puis au trot...

Sans les mains : rotation du buste, bras horizontaux.

Détends ton cheval

Rien de mieux qu'un petit tour au pas : en début de séance pour l'échauffer, et en fin de travail pour lui permettre de reprendre son souffle et de décontracter ses muscles.

Penchée en arrière, touche la queue de ta monture avec une main, puis avec l'autre, en prenant soin de ne pas relever les jambes.

Penche-toi en avant, caresse le bas de l'épaule de ton cheval, d'un côté puis de l'autre.

Lève les 2 cuisses sans changer la position de ton buste et en gardant l'équilibre.

PAS DE PEUR, PAS DE MAL !

Une chute, ça peut arriver à tout le monde ! Limite les dégâts : essaie de glisser et d'atterrir le plus souplement au sol, si possible en « roulant ». Et remonte tout de suite pour oublier ta mésaventure.

Gym-cheval

Porter un cavalier sur son dos, quel effort ! Pour entretenir sa forme, on fait travailler le cheval en longe. Il tourne en cercle aux 3 allures, en obéissant à la voix. Une méthode utilisée aussi pour dresser les chevaux, les préparer à la voltige... et qui ne s'invente pas. Tu veux essayer ? Commence par regarder, puis demande à une personne expérimentée de te guider.

AU PAS

LE GALOP, CE N'EST PAS POUR TOUT DE SUITE ! POUR COMMENCER, APPRENDS À CONDUIRE TON CHEVAL À L'ALLURE LA PLUS LENTE... ET LA PLUS RASSURANTE.

ATTENTION — TOUT CONJUGUER

- Les aides s'utilisent simultanément. Pas d'inquiétude si tu as un peu de mal au début : c'est le lot de toute cavalière !
- Tu dois aussi être capable d'utiliser une aide de manière isolée.
- Cède (arrête d'agir) dès que le cheval a obéi à tes instructions.

La bonne assiette

« Avoir de l'assiette », c'est pouvoir rester solidement en selle en toute occasion. Pour cela, tu dois te tenir correctement et acquérir de l'équilibre... à n'importe quelle allure. Plus tu pratiqueras, plus tu seras à l'aise !

Les aides, c'est quoi ?

Une fois en selle, tu dois te faire comprendre de ton cheval pour le diriger et le contrôler. Les « aides » sont les moyens dont tu disposes.

LES AIDES ARTIFICIELLES

★ La **cravache** sert à réveiller l'attention du cheval : pas n'importe comment ! Ton moniteur te montrera.

★ Les **éperons**, réservés aux très bonnes cavalières.

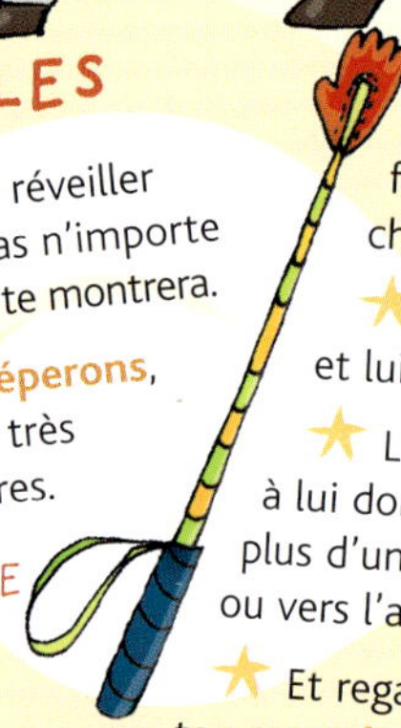

LES AIDES NATURELLES

★ En serrant tes jambes sur ses flancs, tu fais avancer et accélérer ton cheval. On dit « **donner des jambes** ».

★ Tes **mains** contrôlent ses impulsions et lui indiquent la direction à prendre.

★ Le **poids de ton corps** te sert aussi à lui donner des instructions. Tu peux peser plus d'un côté ou de l'autre, vers l'avant ou vers l'arrière, selon ta position.

★ Et regarde toujours là où tu veux aller : ton **regard** oriente la position de ton corps.

★ N'oublie pas la **voix** ! Des mots doux quand tu es contente de lui, des intonations plus sèches s'il n'obéit pas.

UN PEU SECOUÉE ?

La première fois que ton cheval avance, tu te sens ballottée. Normal : au pas, les mouvements d'ondulation de sa colonne vertébrale et le balancement de son encolure sont très marqués. Reste décontractée !

1-2-3-4, 1-2-3-4...

Au pas, le cheval pose chaque pied à tour de rôle : postérieur droit, antérieur droit, postérieur gauche, antérieur gauche, et ainsi de suite...

Cavalière en action

AVANCE ET ACCÉLÈRE

- Presse brièvement les flancs de ton cheval avec tes mollets.
- Pour accélérer, serre à nouveau les mollets et penche-toi un peu en avant : ainsi, tu soulages l'arrière-main, la partie du cheval située derrière la selle. C'est elle qui lui sert de « moteur » !

FREINE... STOOOP !

- Penche-toi en arrière pour peser sur l'arrière-main, et tends les rênes (serre les doigts en remontant légèrement les poignets).
- Pour t'arrêter, fais la même chose en insistant.

TOURNE !

- Tu peux obtenir cette action de plusieurs façons. Au début, utilise la plus simple, la « rêne d'ouverture ».
- Écarte la main du côté où tu veux tourner, en gardant le coude au corps. Avance un peu ton autre main en même temps.
- Donne des jambes pour que ton cheval ne ralentisse pas en tournant.
- Fais pivoter légèrement ton buste en regardant dans la bonne direction.

COMME UNE AMAZONE

Au pas, tu peux aussi monter en amazone avec une selle traditionnelle. Autres repères, autres sensations : c'est rigolo... Et pour le spectacle de fin d'année, c'est aussi l'occasion de porter une jolie robe !

MAIN LÉGÈRE

Tu dois tenir les rênes sans jamais te crisper. Défense de tirer : tu pourrais faire très mal à la bouche de ton cheval.

POSTÉRIEUR GAUCHE — ANTÉRIEUR GAUCHE

VITESSE DE CROISIÈRE : 7 KM/H

Les poneys haflinger vivent en liberté dans les montagnes autrichiennes jusqu'à l'âge de 4 ans. Dès l'automne, une fine couche de duvet pousse sous leur pelage qui allonge et épaissit... De quoi passer des mois à l'aise dans la neige.

CHEVAUX RUSTIQUES

De nombreuses races ont dû s'acclimater à des conditions de vie très rudes. C'est le cas du fjord norvégien, du connemara irlandais, du camargue... Tous ces chevaux ont développé une endurance étonnante, et ne réclament pas beaucoup de soins.

UN HIVER AU MANÈGE

Il fait gris, les jours sont courts... Pour toi, c'est la mauvaise saison. Ton cheval, lui, a une nette préférence pour les rigueurs de l'hiver : quand on possède un pelage qui s'apparente à celui d'une peluche, on souffre beaucoup moins du froid que du chaud !

« Horreur ! j'ai dit, qu'est-ce qui est arrivé à ce cheval ? »
« Rien du tout, a rigolé la monitrice. On l'a juste tondu, car son poil d'hiver lui tient trop chaud. Et le temps qu'il sèche après le travail, il attraperait froid ! ».
Ah bon...
N'empêche, je ne trouve pas ça très beau, un cheval tondu. Vite, remettez-lui sa couverture !

QU'EST-CE QUE TU DIS ?

En regardant ton visage, on peut généralement deviner ton humeur. C'est pareil pour le cheval ! Pour s'exprimer, il utilise toutes sortes de mimiques, d'attitudes et de sons. Sois attentive...

Il parle avec ses oreilles

TU ME CHERCHES ?
Il couche les oreilles en arrière en montrant les dents : ne t'approche pas, il est en colère !

GULP ! AU SECOURS !
Oreilles couchées en arrière, muscles contractés : il a peur...

RIEN À SIGNALER
Oreilles immobiles et décontractées : il est détendu.

OH LÀ LÀ, J'AIME PAS ÇA !
Oreilles vers l'avant qui bougent dans tous les sens : il est inquiet.

TIENS, C'EST QUOI, ÇA ?
Dirigées vers l'avant : il est attentif.

Espionne ton cheval

- Ton matériel : une paire de jumelles, un carnet de notes, un crayon.
- Ta mission : observer les chevaux au pré. Sois discrète !
- Ton but : étudier le maximum de situations de communication. Regarde bien, les chevaux utilisent en même temps la gestuelle du corps et des oreilles.

Il parle avec son corps

LA COLÈRE MONTE...

Agacé, il bat l'air avec sa queue. Énervé, il tourne sa croupe vers l'intrus en signe d'intimidation. Attention, il va bientôt lever un postérieur pour botter !

NE PAS DÉRANGER

Paupières closes, tête baissée, lèvre pendante... Chut ! Ton cheval pique un roupillon ! Il « dort debout » 3 heures par jour environ.

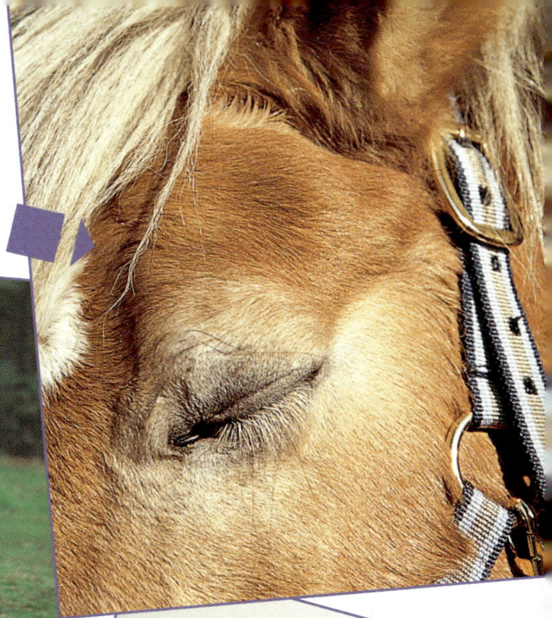

ALORS, ÇA VIENT ?

Il piaffe, gratte le sol du sabot : il est inquiet... ou il a simplement faim et réclame avec impatience sa ration de picotin !

C'EST CHOUETTE, LA VIE !

Ton cheval se roule par terre, se relève et repart en gambadant... Un petit coup de folie, signe de bonne santé !

Do you speak cheval ?

Bavard, le cheval ? Sûrement moins que toi ! Dans la nature, il a plutôt intérêt à se montrer discret, au risque de se faire repérer par un prédateur... On distingue pourtant 7 sons de base :

- Le GRONDEMENT : un son assez bas, signe d'inconfort ou de fatigue. C'est aussi le cri de l'étalon qui sent une jument en chaleur.
- Le HENNISSEMENT : quand deux chevaux se quittent ou se retrouvent... Il s'entend à 1 km !
- L'ÉBROUEMENT : pflufluflu ! le cheval éternue pour débarrasser son nez des poussières ou des insectes.
- L'APPEL DE CONTACT : un frémissement sourd, utilisé en particulier par la jument pour rappeler son poulain.

- Le SOUPIR : un frémissement très doux, émis par deux copains très proches.
- Le RENÂCLEMENT : un ronflement très bruyant produit avec les naseaux, qui trahit l'inquiétude ou la peur.
- Le GRINCEMENT : un couinement aigu et bref pour dire « gare à toi ! » ou « laisse-moi tranquille ! »

LE JOURNAL DE LILOU

Oh là là, la peur ! Aujourd'hui, j'étais super contente de retrouver Lutine : un gros câlin sur le museau, des grattouillis sur l'encolure... D'un seul coup, la voilà qui se retourne et me mordille le bras. « Aïe, elle m'a pincée ! » Il paraît qu'il ne faut pas s'inquiéter : c'est comme ça que les chevaux se témoignent leur affection. Bon d'accord, mais moi, je suis une fillette ; il va falloir que je lui apprenne à faire la différence !

EN FLAGRANT DÉLIRE

TU SURPRENDS UN CHEVAL QUI FAIT UNE GRIMACE BIZARRE, ADOPTE UNE DRÔLE DE POSTURE OU SE RETROUVE DANS UNE SITUATION COCASSE... IMAGINE CE QUI LUI PASSE PAR LA TÊTE !

– C'EST QUOI ? ÇA SE MANGE ?
– IL PARAÎT QU'IL Y A UN OISEAU DEDANS !
– AH BON ? IL VA SORTIR ?

– BEURK ! POURQUOI ON POSE À CÔTÉ DU TAS DE FUMIER ?
– C'EST LÀ QUE LA LUMIÈRE EST BONNE ! SOURIS, ON T'A DIT !

– ET ÇA, TU SAIS LE FAIRE ?

– POUR SOURIRE SUR LA PHOTO, DITES COMME MOI : « OUISTITI » !

— C'EST VRAI, J'AI GAGNÉ LE CONCOURS... MAIS JE VOUS JURE, J'AI PAS LA GROSSE TÊTE !

PHOTOS POUR RIRE

Faciles à réaliser... si tu gardes ton appareil à portée de main ! Profite des instants où ton cheval tire la langue, baille, dévoile son « sourire »... Observe aussi les chevaux entre eux pour guetter câlins, gratouilles et coups de folie.

— ALLEZ MAMAN, VIENS JOUER AVEC MOI !

AU TROT

CETTE ALLURE SAUTÉE, TRÈS UTILE AU MANÈGE COMME EN BALADE, N'EST PAS LA PLUS CONFORTABLE... GARDE LE RYTHME, POUR NE PAS TE FAIRE SECOUER COMME UN PRUNIER !

DU PAS AU TROT

Pour demander à ton cheval un départ au trot, ajuste tes rênes, donne des jambes, puis détends un peu les rênes pour qu'il puisse avancer. Ton cheval trotte en se projetant d'un diagonal sur l'autre. Déstabilisant ! Pour amortir les chocs, accompagne ses « poussées » avec le bassin.

Trotte enlevé

Comment ça marche ? Haut du corps légèrement penché vers l'avant, tu te soulèves de ta selle à la première battue, tu t'assieds à la suivante... et tu recommences ! Pour attraper le rythme, entraîne-toi d'abord sur un cheval arrêté.

LORSQUE TU MAÎTRISERAS LE TROT ENLEVÉ, TU LE TROUVERAS FINALEMENT TRÈS CONFORTABLE. IL L'EST AUSSI POUR TA MONTURE : QUAND TU TE LÈVES, TU SOULAGES SON DOS !

ASSISE, LEVÉE, ASSISE...

ÉVITE LE TAPECUL

- Garde le dos droit.
- Soulève-toi de la selle et rassieds-toi délicatement !

De quel côté je trotte ?

Regarde les épaules de ton cheval. Si tu te soulèves quand il avance l'épaule droite, c'est que tu trottes à droite. Et inversement !

ALLURES DE SAUVAGE

Pourquoi se presser ? Dans la nature, le cheval marche au pas. Il trotte pour les longs trajets, et ne galope que pour fuir le danger.

TIC-TAC, TIC-TAC...

Au trot, le cheval lève et pose un diagonal (association d'un antérieur et du postérieur opposé) après l'autre.

DIAGONAL GAUCHE (ANTÉRIEUR GAUCHE ET POSTÉRIEUR DROIT)

PROJECTION

Trotte assise

Le but : rester le derrière collé à ta selle sans rebondir ! Détends ton bassin pour qu'il amortisse au maximum les mouvements du cheval. La meilleure école, c'est d'apprendre à cru, ou sans étriers. On trotte assis pour exécuter les figures de dressage : à tenter une fois que tu les auras bien assimilées au pas.

ÉVITE LE TAPECUL

- Garde le buste en avant.
- Reste décontractée : ne tire pas sur les rênes, et n'appuie pas sur les étriers !

LE CHEVAL DE LILOU

LE PONEY ISLANDAIS

Incroyable ! On l'appelle « cheval aux 5 allures ». En plus des 3 autres (pas, trot, galop), il sait ambler et tölter. Késako ? Si je me mets à 4 pattes et que j'avance en même temps jambe et bras du même côté, je « marche à l'amble ». Quant au tölt, c'est comme le pas, mais très rapide, avec les jambes très relevées.
J'ai essayé dans le couloir : je me suis cassé la figure...

COURSES DE TROT

Elles se pratiquent montées ou, le plus souvent, attelées, avec un *driver* assis sur un sulky. Le principe est le même : le cheval doit parcourir toute la distance au trot, au risque d'être disqualifié par les « juges aux allures ».

VAS-Y-VOIR

DIAGONAL DROIT (ANTÉRIEUR DROIT ET POSTÉRIEUR GAUCHE)

PROJECTION

VITESSE DE CROISIÈRE : 14 KM/H

MALIGNE AU MANÈGE

SÉRIEUSE ET CALME, TU EXÉCUTES LES FIGURES TOUT EN RESTANT CONCENTRÉE SUR LES AIDES ET LE CONTRÔLE DE TON CHEVAL. OUF ! C'EST LE MÉTIER DE CAVALIÈRE QUI RENTRE...

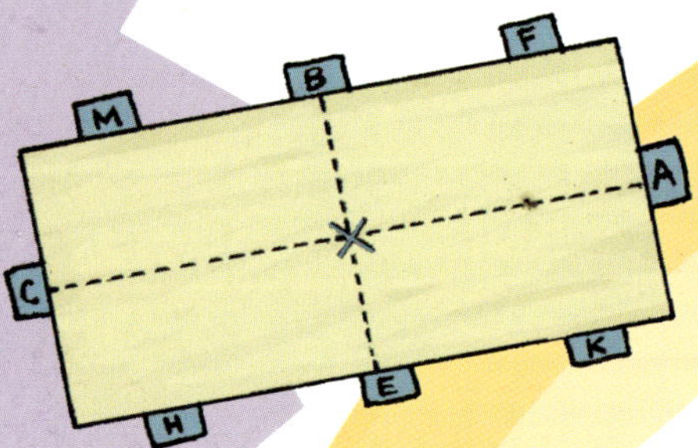

AFBMCHEK

À mémoriser ! Ce sont les lettres inscrites sur les côtés du manège et qui te servent de repères pour exécuter les figures. Le « x » marque le centre de la piste, mais il n'est (évidemment) pas marqué.

Figures imposées

Au cours des leçons de groupe, ou reprises, tu apprendras ces 6 figures de base, à combiner à l'infini selon les instructions de ton moniteur !

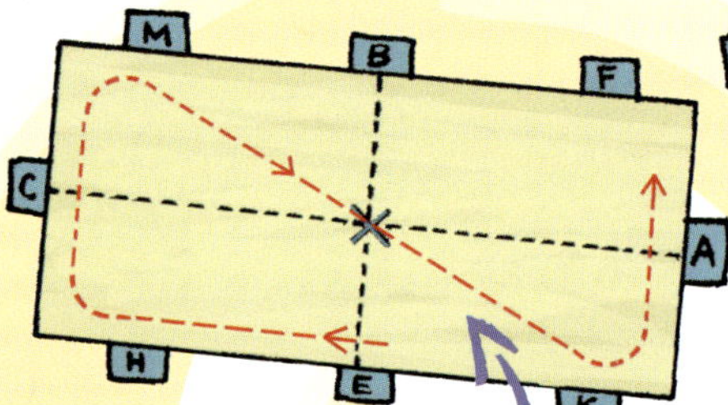

LA DIAGONALE

Elle te permet d'effectuer un changement de main.

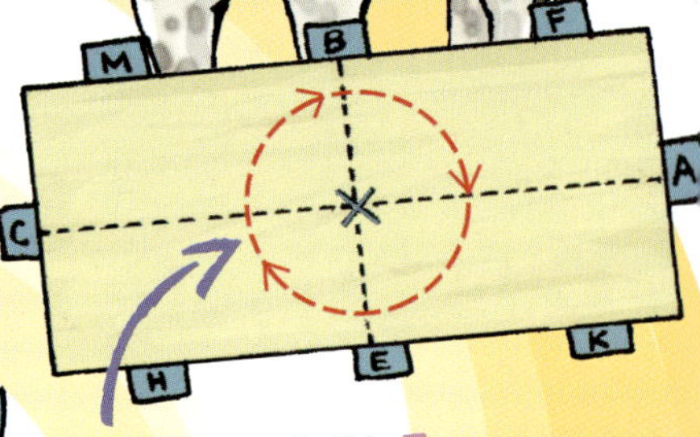

LE CERCLE

Son diamètre est égal à la largeur de la piste. Pour maintenir ton cheval sur un cercle bien rond, visualise la courbe !

LE DOUBLER

Tu peux avoir à l'effectuer dans la longueur ou dans la largeur, en changeant de main ou non.

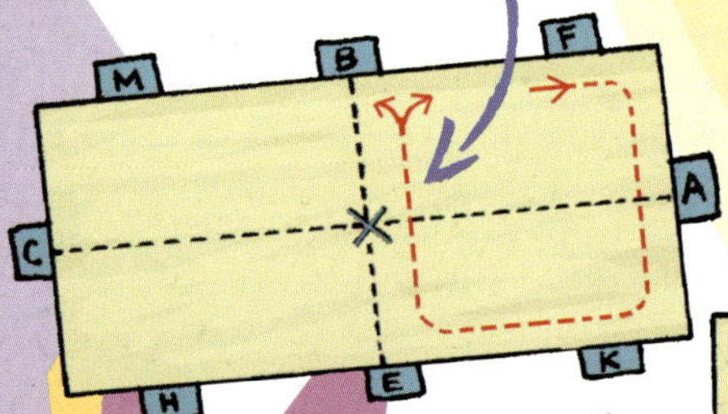

LA DEMI-VOLTE

Tu la débutes comme une volte. À la moitié, tu repars en oblique : tu as changé de main.

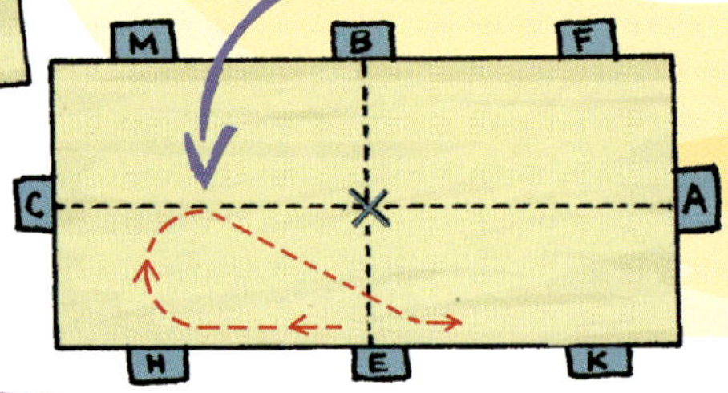

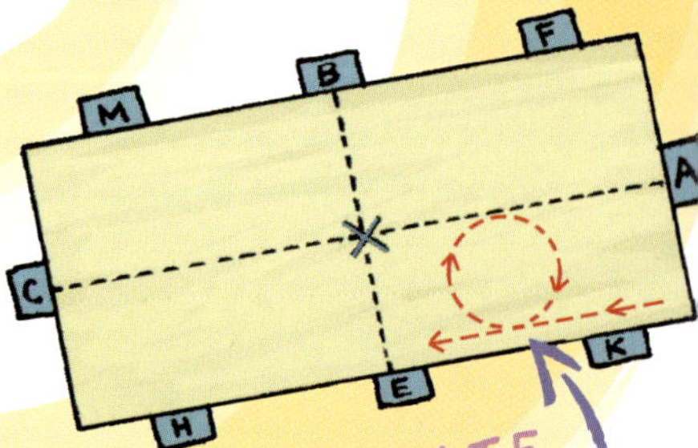

LA VOLTE

Tu quittes la piste et tu effectues un cercle pour revenir à ton point de départ.

« CHANGER DE MAIN »

C'est tout simplement changer de direction. Au manège, on travaille dans les 2 sens : c'est bon pour toi... et pour ton cheval, qui se fatiguerait s'il marchait toujours sur le même diagonal !

LA DEMI-VOLTE RENVERSÉE

C'est l'inverse : tu pars en oblique pour terminer par le demi-cercle. Là aussi, tu changes de main.

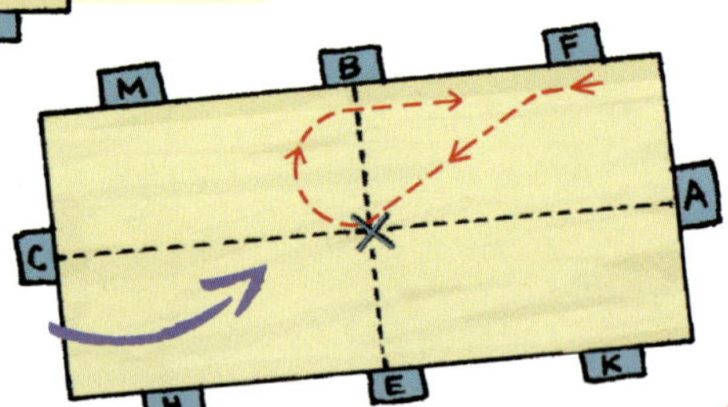

La sécurité, ça te connaît !

Une dizaine de chevaux qui évoluent au manège en même temps, c'est courant. Sans pagaille s'il vous plaît ! Voici les règles à connaître et à respecter.

PRÉVIENS AVANT D'ENTRER, ET REFERME SOIGNEUSEMENT LA PORTE DERRIÈRE TOI.

À MAIN DROITE OU À MAIN GAUCHE ?

Tu es à main droite quand ta main droite est vers le centre de la piste.

Tu es à main gauche quand ta main gauche est vers le centre de la piste.

EN DÉBUT DE REPRISE, ALIGNE TON CHEVAL AVEC LES AUTRES SUR LA LIGNE DU MILIEU, LE TEMPS D'AJUSTER TON MATÉRIEL ET DE MONTER.

GARDE UNE DISTANCE DE 3 À 4 MÈTRES ENTRE TA MONTURE ET CELLE QUI PRÉCÈDE. PETIT TRUC DE CAVALIÈRE : IMAGINE UN « CHEVAL FANTÔME » ENTRE LES 2 ! INTERVIENS DÈS QUE CET ESPACE DIMINUE.

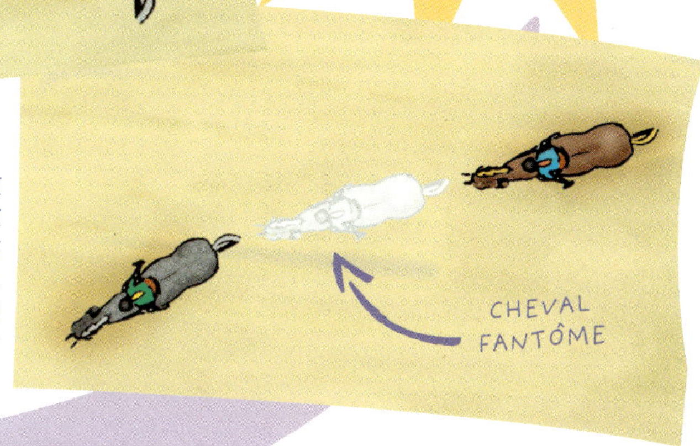

Le code du manège

Le moniteur peut demander aux cavaliers de travailler individuellement. Les chevaux se dispersent alors dans le manège... mais comme sur la route, on ne se déplace pas n'importe comment, il y a des règles !

À même allure, la priorité revient à la cavalière qui est à main droite.

Laisse la piste à une cavalière qui va à une allure plus rapide que la tienne.

VA AU COIN !

Coquin, ton cheval... Arrivé dans un angle du manège, il a tendance à le couper pour faire plus court. Lutte contre cette mauvaise habitude, en l'obligeant à bien « faire les coins » !

RENDEZ-VOUS AU SALON

TU PENSES TOUT LE TEMPS AU CHEVAL ? PARS À SA RENCONTRE : IL T'ATTEND DANS LES CENTAINES DE MANIFESTATIONS DONT IL EST LA VEDETTE CHAQUE ANNÉE !

SHOPPING ÉQUESTRE

Si tu as le choix entre un tee-shirt banal et un autre avec un cheval, tu ne vas pas hésiter... Mais où trouver cette merveille ? Dans les salons ! Tu pourras y dénicher plein d'autres objets (bijoux, papeterie, gadgets...). Et pourquoi pas un joli tapis de selle brodé ou un jouet pour ton cheval ?

Au salon

T'AS VU L'ÉCURIE ?

Poneys, chevaux de selle, chevaux de trait, ânes... Tu n'en a jamais vu autant !

MANNEQUINS ÉQUINS

Un concours de beauté et d'allures, c'est un régal... et une discipline très utile pour repérer les meilleurs sujets d'une race, qui serviront ensuite à l'améliorer !

UN MÉTIER DE RÊVE

Ici, tu rencontres des tas de gens qui travaillent avec les chevaux. Profites-en pour leur poser plein de questions !

JE ME LANCE !

Goûte aux joies d'autres disciplines, comme l'attelage ou la monte en amazone...

À noter dans ton agenda

★ Une Journée du cheval est organisée chaque année fin septembre. Plus de 2 000 manifestations se déroulent dans toute la France... À ne pas rater !

★ Le Salon du cheval, du poney et de l'âne a lieu à Paris, une semaine début décembre. Plus de 800 chevaux, des spectacles, des concours en permanence... C'est le plus grand !

★ Près de chez toi : renseigne-toi auprès de la Fédération française d'équitation, dans les offices du tourisme, dans le journal local... Certains sites proposent aussi une sélection de manifestations classées par départements.

À la foire aux chevaux

Quelle ambiance ! Si tu envisages d'acheter un cheval, c'est le bon endroit pour te faire conseiller et découvrir les races qui te conviennent.

Fête traditionnelle

À chaque région ses traditions ! Tous les 2 ans, la Route du poisson part de Boulogne-sur-Mer : elle rappelle le travail des ballons, les attelages qui apportaient le poisson à Paris en 24 heures, jusqu'au milieu du XIXe siècle...

Voyage dans le temps

Oyez ! Pendant l'été, de plus en plus de villes sont envahies par des chevaliers, des troubadours, des croisés... Assister à un tournoi, quel choc !

LE CHEVAL DE LILOU

LE FALABELLA

Trop mignon ! 70 cm au garrot : il m'arrive à la taille. Monsieur Falabella, un Argentin, a créé la race au XIXe siècle, en croisant des poneys shetland avec de petits chevaux indiens. Il paraît qu'il est très gentil et joueur... Mais on ne peut pas le monter, juste lui faire tirer une petite carriole toute légère...

GALOPE SUR LE NET !

Tu veux tout savoir sur ta race préférée, réviser tes galops, trouver un stage pour les vacances ? Connecte-toi ! Où trouver les bonnes adresses d'« équi-sites » ? Repère-les dans les magazines spécialisés, échanges-en avec tes copines, ou cherche sur Internet !

À TES CHIFFONS !

SOLEIL, PLUIE, POUSSIÈRE, BOUE, TRANSPIRATION... LE CUIR DE LA SELLE ET DU HARNACHEMENT EST UNE MATIÈRE VIVANTE QUI A PLEIN D'ENNEMIS ! À TOI DE L'ENTRETENIR...

QUESTION DE SÉCURITÉ

En l'absence de soins, le cuir devient vite raide et cassant. Résultat : une sangle peut blesser la peau de ton cheval par frottement, une rêne peut casser brutalement... Gare à l'accident ! Au fait : nettoyer le matériel est aussi une bonne occasion de vérifier son état.

Nettoie chaque fois

Deux gestes simples... et obligatoires pour le bien-être de ton cheval.

LE MORS

De la salive, des résidus d'aliments... Si tu ne fais rien, tout cela va durcir et irriter la bouche de ton cheval. Passe-le sous l'eau après chaque utilisation.

GUÊTRE

CLOCHE

LES PROTECTIONS

Ton cheval porte des guêtres, des cloches ? Lave-les au jet ou dans un grand seau d'eau pour éliminer le sable ou la terre qui pourraient le blesser.

ÉPONGE HUMIDE

LE JOURNAL DE LILOU

« Non mais, Lilou, t'as vu tes pieds ? »
Glups... La monitrice avait raison :
mes minichaps étaient du genre... croûteux !

Du coup, leçon d'entretien express :
les minichaps sales se nettoient eux aussi
au savon glycériné avant de les graisser.
Promis, j'oublierai plus...

Grand nettoyage

Fastidieux ? Pas si tu organises une grande partie de nettoyage entre copines. Celle qui fait briller le plus a gagné !

NETTOYER LA SELLE

1 Retire la sangle, les étrivières, les étriers et les protège boucles.

PAIN DE SAVON GLYCÉRINÉ

ÉTRIVIÈRE

ÉTRIER

BRANCHES

ŒIL

SEMELLE

SANGLE

SANGLONS

NETTOYER LE BRIDON

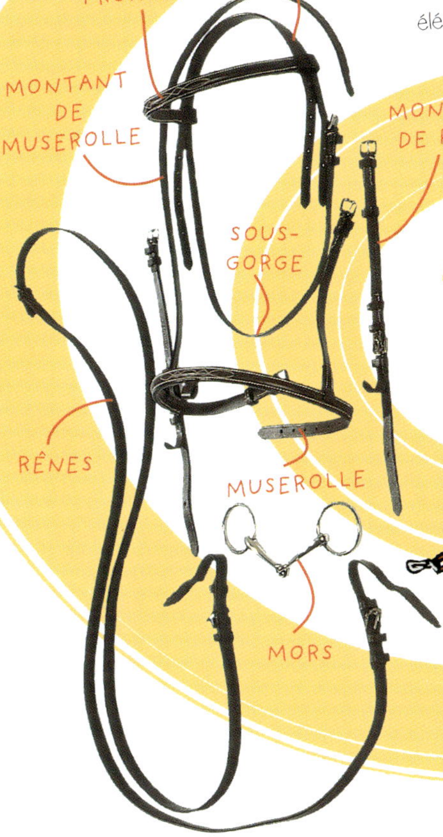

1 Démonte le bridon et pose tous les éléments sur une table.

2 Dans l'ordre : trempe le savon dans l'eau chaude et passe-le sur l'éponge humide (il ne faut pas que ça mousse !). Fais glisser chaque élément de la bride dans l'éponge pliée en deux. Renouvelle l'opération plusieurs fois pour chaque lanière.

3 Laisse sécher et enduis de graisse nourrissante.

4 Il ne te reste plus qu'à réassembler le bridon... sans te tromper !

2 Enlève le plus gros de la saleté avec un chiffon. Mets du savon sur l'éponge humide et frotte avec des petits mouvements circulaires.

3 Nourris aussi la selle avec de la graisse, en frottant bien. Lustre enfin avec un chiffon : bravo, elle est comme neuve !

4 Lave les parties métalliques (anneaux, boucles, étriers) à l'eau et lustre-les avec un chiffon doux.

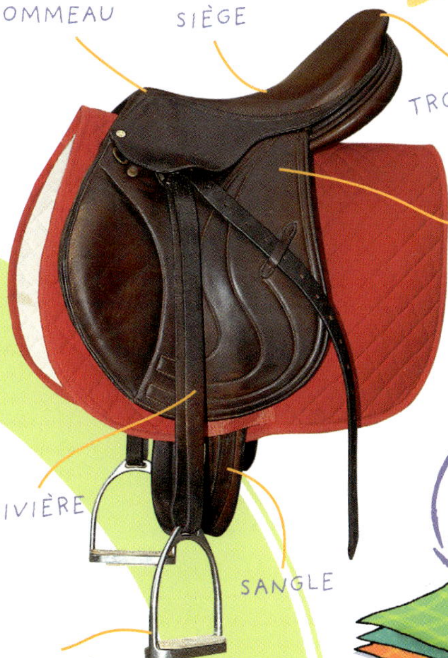

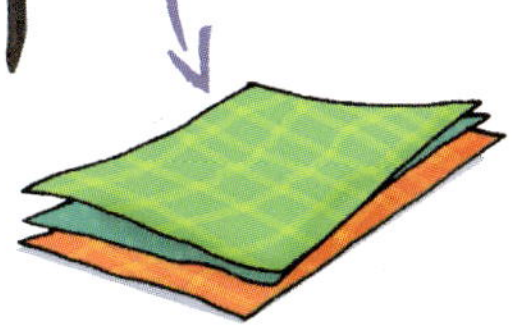

L'HEURE DES CADEAUX

FABRIQUE DES PETITS CADEAUX AYANT POUR THÈME LE CHEVAL, ET FAIS PARTIR TES VŒUX AU GALOP SUR DES CARTES RIGOLOTES !

FIXE LA TÊTE SUR UN SOCLE EN BOIS AVEC UNE TIGE MÉTALLIQUE.

RIBAMBELLE SURPRISE

1• Découpe une longue bande de papier de 30 cm sur 12 cm.

2• Plie-la suivant le schéma.

3• Dessine un cheval suivant le modèle : attention, la ribambelle tient par les côtés pliés, ne les découpe pas complètement !

4• Colorie comme tu veux et inscris tes vœux. Glisse la ribambelle pliée dans une enveloppe.

STATUETTE FÉTICHE

1• Modèle une tête de cheval en pâte à modeler.

2• Recouvre-la de bandelettes de papier journal trempées dans de la colle à papier peint (technique du papier mâché). Pour les parties fines, utilise du papier de soie.

3• Quand c'est bien sec, peins en t'inspirant de ton cheval préféré.

CARTE À FENÊTRE

1• Choisis une belle photo.

2• Découpe une carte de 4 pages dans du papier un peu fort et colle la photo en page 3.

3• À l'aide d'un calque, repère la partie de l'image à isoler et reporte-la sur la couverture. Découpe la fenêtre.

ÉCRIS UN PETIT MOT !

LA CARTE FERMÉE, VOILÀ LE RÉSULTAT !

ENVELOPPE À CHEVAL

1• Décolle soigneusement une enveloppe, qui te servira de modèle.

2• Trouve une belle page dans un magazine d'équitation. Reportes-y la forme du modèle. Essaie de bien choisir le cadrage !

3• Découpe et plie ta nouvelle enveloppe. Joli, non ?

PENSE À TON CHEVAL AUSSI !

Voyons...
Qu'est-ce que tu pourrais lui offrir ?

★ Un objet : une nouvelle couverture plus chaude, un gros ballon pour se détendre...

★ Une friandise : quelques morceaux de sucre, de pommes, de carottes ou une bonne betterave fourragère !

★ Une sortie : il passe l'hiver au box ? Octroie-lui une journée de liberté, en lui offrant des mini-vacances au pré.

★ Un câlin : une bonne séance de pansage, de caresses ou de massage...

MARQUE-PAGE

1• Décalque le modèle ci-contre, inspire t'en ou dessine un cheval bien à toi.

2• Réalise ton marque-page sur un papier de fort grammage (300g, c'est bien !).

3• Décore-le des 2 côtés.

MALIN : IL TIENT LA PAGE AVEC SA JAMBE POUR NE PAS LA PERDRE !

PLASTIQUE ETHNIQUE

Il te faut du « plastique magique », facile à trouver dans les magasins de travaux manuels, et très peu cher.

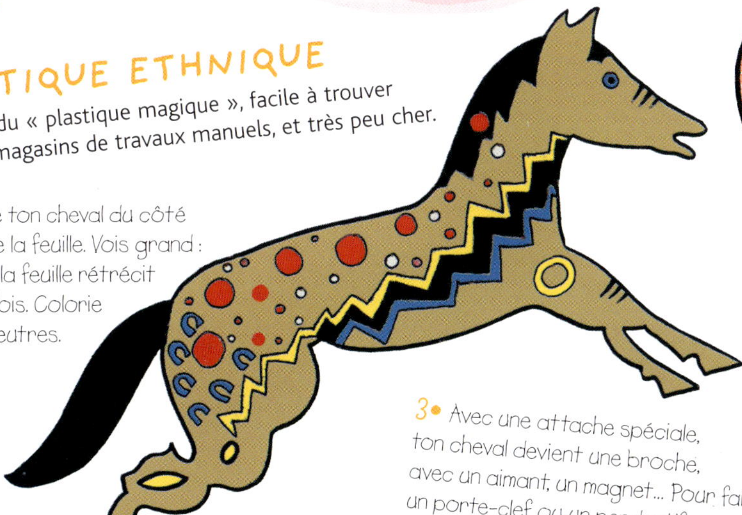

1• Dessine ton cheval du côté rugueux de la feuille. Vois grand : en cuisant, la feuille rétrécit environ 5 fois. Colorie avec des feutres.

2• Mets ton cheval au four à 150 °C. Sors-le avec des gants.

3• Avec une attache spéciale, ton cheval devient une broche, avec un aimant, un magnet... Pour faire un porte-clef ou un pendentif, pense à le perforer à 1 cm du bord avant la cuisson.

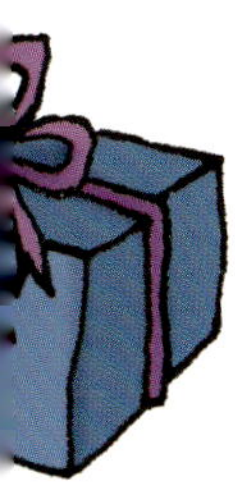

LÉGENDES ET FRISSONS

ILS VOLENT À TRAVERS LES AIRS, SE TRANSFORMENT À VOLONTÉ, MÈNENT LES HÉROS À LA VICTOIRE... LES CHEVAUX AUSSI ONT LEURS SUPER HÉROS !

AU XVIe SIÈCLE, LES CONQUISTADORES ESPAGNOLS ENTENDENT PARLER DE TRIBUS INDIENNES OÙ SEULES LES FEMMES COMBATTENT. ILS NOMMENT ALORS « AMAZONIE » LE CENTRE DU NOUVEAU CONTINENT.

Sauvageonne contre ménagère

Les historiens pensent qu'un peuple de cavalières a vraiment existé au bord de la mer Noire, au XVe siècle avant J.-C. Si les Grecs en ont fait des « monstres », c'est peut-être parce qu'ils étaient à la fois fascinés et dérangés par ces femmes libres. À la maison, leurs propres épouses devaient obéir sans discuter !

Cavalières sanguinaires

Dans la famille « Légendes grecques », on demande les Amazones. Ces guerrières sans pitié combattaient toujours à cheval. On dit qu'elles se coupaient le sein droit pour tirer à l'arc plus facilement. Et aussi qu'elles tuaient les garçons à la naissance ... Leur équitation particulière, réservée aux femmes, est parvenue jusqu'à nous : c'est la « monte en amazone ».

PORTE-BONHEUR

Il faut découvrir le fer à cheval dans un chemin, les extrémités dirigées vers toi. Puis le clouer sur ta porte avec les branches en haut, pour que la chance ne s'échappe pas... Au fait, tu y crois, toi ?

La rêverie de Léonard

Imagine un cheval blanc à la longue corne torsadée... Au Moyen Âge et à la Renaissance, la belle licorne symbolise la pureté. Était-elle vraiment indomptable ? Pas tout à fait ! Léonard de Vinci indique comment s'y prendre : « Dès qu'elle voit une jeune fille vierge, la licorne s'approche et s'endort sur son sein... »

DIVINE ÉCURIE

Pégase

Entre ses ailes, le prince grec Bellérophon tente de monter jusqu'au royaume des dieux. Mais il est désarçonné, et seul Pégase atteint l'Olympe.

Épona

Tantôt représentée comme une jument, tantôt comme une cavalière, cette déesse adorée par les Gaulois protège écuries et maisons.

Sleipnir

Avec ses 8 jambes, la monture d'Odin, chef des dieux nordiques, galope sur terre, sur les mers et dans les airs.

Poudre de perlimpinpin

Jusqu'au XVIIIe siècle, les apothicaires (pharmaciens de l'époque) vendent à prix d'or de la corne de licorne en poudre, censée guérir tous les maux. Il s'agit en fait de la défense du narval, un grand dauphin !

Mystères géants

L'Angleterre compte plus de 50 gigantesques figures tracées sur des collines de craie, dont 17 chevaux. Le cheval blanc de Westbury, au sud du pays, daterait du IXe siècle. Comme les 16 autres, personne ne connaît vraiment sa signification...

SUEURS FROIDES

Esprit mauvais

En Écosse, rivières et lacs sont hantés par Kelpie, un poney qui apparaît la nuit aux voyageurs égarés. Malheur à celui qui l'enfourche : il finira noyé.

Présage de mort

Un malade qui rêve d'un cheval noir va bientôt partir pour l'au-delà... C'est ce que croyaient nos ancêtres du Moyen Âge !

Après de longs mois passés au box, les chevaux du club retrouvent le pré et son herbe tendre. C'est aussi à cette période de l'année que naissent les poulains...

RUDES PYRÉNÉES

De début mai à début octobre, les chevaux mérens sont lâchés en troupeaux dans la haute vallée de l'Ariège. Ils retrouvent la liberté, mais affrontent aussi les précipices, les torrents en crue, les intempéries... Parmi les poulains de l'année, seuls les plus robustes survivront.

BALADE DE PRINTEMPS

Fini la grisaille, vive les beaux jours ! À présent, tu connais bien ton cheval et tu es plus sûre de toi... Il est temps de goûter aux joies des premières promenades dans la campagne !

Une grande promenade suivie d'un bon pansage pour Frimousse : c'était vraiment une chouette journée !

Mais au moment où je passais la brosse sur sa croupe, vlan ! Je me suis pris un grand coup de queue dans la figure.

Ouille, ça fait mal...

Mais je peux pas lui en vouloir : c'est sa seule arme pour chasser toutes ces mouches qui lui tournent autour.

ME VOILÀ !

JE SUIS CRAQUANT, PAS VRAI ? OUVRE MON ALBUM ET LAISSE-MOI TE RACONTER L'HISTOIRE DE MA NAISSANCE...

JE M'APPELLE : Coquelicot

JE SUIS NÉ LE : 10 mai

À QUELLE HEURE : au petit matin.

Dans la nature, c'est le moment où la jument craint le moins l'attaque des prédateurs.

JE PESAIS : environ 50 kg.

Les premières semaines, j'ai grossi de plus de 1 kg par jour.

Un mois plus tard, mon poids avait déjà doublé !

MON PAPA

L'éleveur l'a choisi parce qu'il est beau et qu'il a bon caractère. Moi, je ne le rencontrerai jamais. Mais j'hériterai sûrement de ses qualités !

MA MAMAN

Elle m'a attendu 11 mois, mais on ne voyait son gros ventre que les 4 derniers mois. Elle a alors arrêté de travailler, et on l'a beaucoup chouchoutée !

Ma naissance

1 BONJOUR, LE MONDE !

Quand maman a senti que j'allais naître, elle s'est couchée sur le côté. La poche des eaux s'est rompue. Mes jambes puis ma tête sont apparus. En quelques minutes, je suis arrivé !

2 TOILETTE

Maman m'a léché pour me nettoyer, me réchauffer, s'imprégner de mon odeur et que je m'imprègne de la sienne.

3 DÉJÀ DEBOUT

Une demi-heure après ma naissance, j'étais déjà debout. Mes jambes flageolaient encore un peu...

4 PREMIÈRE TÉTÉE

« Où sont les mamelles ? » Maman m'a poussé avec son nez pour m'aider à les trouver. Le premier mois, je tétais environ 70 fois par jour !

Je grandis

MES PREMIÈRES BÊTISES

Oh ! le beau papillon ! Je trottine derrière lui... Maman gronde pour me rappeler. Pas question, non plus de goûter aux plantes toxiques : si je m'en approche, elle grogne. D'accord, j'obéis !

L'IMPRÉGNATION, C'EST QUOI ?

C'est habituer le poulain à l'homme dès les premières heures. On le couche et on l'immobilise pour qu'il soit docile plus tard, on lui glisse une main dans la bouche pour symboliser le mors, on lui tapote les pieds pour l'habituer au futur travail du maréchal-ferrant... Une méthode réservée aux professionnels !

MA GRANDE AMIE

Je la connais depuis que je suis tout bébé ! Elle sent bon, elle a une voix très douce, et moi, j'adore ses câlins...

FAIS SON ALBUM

Une naissance au club ? Propose de tenir seule ou avec tes copines le livre du poulain ! Des idées : fais son arbre généalogique, suis sa croissance, étudie son caractère... et illustre avec plein de photos !

Comment aborder un poulain

- Préviens la jument en lui parlant. Ne t'interpose jamais entre elle et son petit.
- Accroupis-toi devant lui pour être à sa hauteur, et fais des gestes très doux.
- Ce n'est pas une peluche ! Reste prudente (il est plus lourd que toi...), ne le laisse pas faire de bêtises : ses antérieurs sur tes épaules, c'est non !

MES JEUX

J'adore les courses-poursuites avec mes copains. Entre petits mâles, on joue aussi à la bagarre, en se cabrant et en « boxant » avec les antérieurs.

EN PLEINE FORME !

IL A L'AIR COSTAUD, COMME ÇA... POURTANT, TON CHEVAL A DES POINTS FAIBLES, EN PARTICULIER LES INTESTINS. POUR QU'IL SOIT EN BONNE SANTÉ, COMMENCE PAR BIEN LE NOURRIR !

Au menu

HERBES VARIÉES

Le pré est un mélange de ray-grass (l'herbe des pelouses) et autres graminées, de trèfle, de fleurs. Ainsi, le cheval équilibre naturellement ses repas.

FOURRAGE BOURRATIF

À la mauvaise saison, le lest remplace l'herbe. Il est composé de foin (herbes sèches) ou de paille (chaumes de céréales). Le cheval en mange beaucoup, pour se caler l'estomac.

« DESSERTS » DE GOURMAND

Les carottes sont pleines de vitamines ! Coupe-les en longueur pour que ton cheval ne s'étouffe pas. Autres friandises : une pomme coupée en quartiers, du pain dur, un morceau de sucre... À utiliser sans abus, comme récompense.

COMPLÉMENTS NOURRISSANTS

Les grains (orge, avoine, maïs) ou les mélanges (granulés de grains et de luzerne) ont chacun leurs propriétés énergétiques. On adapte les rations selon la race, l'âge, l'activité, le tempérament du cheval... et la saison.

GROS MANGEUR, PETIT ESTOMAC

Le cheval a un petit estomac. Il broute 16 h par jour, en avalant de petites quantités qu'il digère au fur et à mesure.

Et la boisson ?

Le cheval boit de 10 à 50 litres par jour. Il doit disposer d'eau propre en permanence.

LE DENTISTE ÉQUIN

Les dents du cheval s'usent de manière inégale. Des petites pointes, les surdents, poussent parfois à la surface des molaires. Ça lui fait mal, et ça l'empêche de manger correctement... Il faut alors lui limer les quenottes : c'est le travail du dentiste équin !

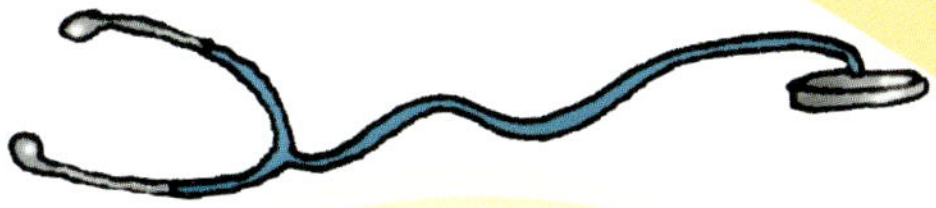

Allô, docteur ?

Ton cheval ne peut pas dire s'il a mal. À toi de repérer ses bobos, dont certains nécessitent la visite du vétérinaire.

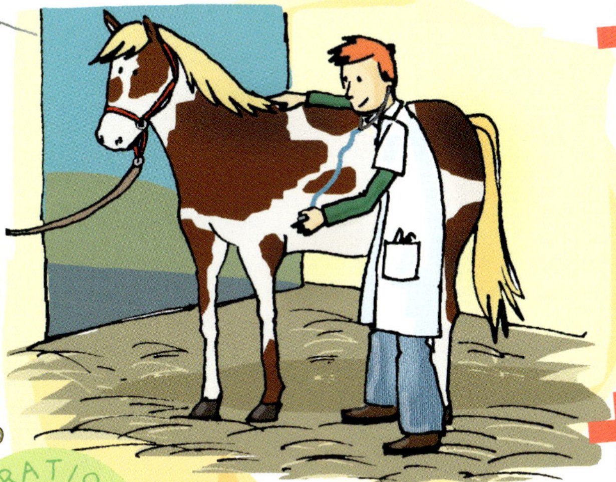

Il tousse : il a attrapé un virus, ou il est allergique aux micro-moisissures présentes dans la paille ou le foin.

Un poil terne, des croûtes : il a peut-être des poux ou une allergie due à des piqûres d'insectes...

Il gratte, se roule, regarde ses flancs... Ton cheval a mal au ventre. Les coliques peuvent s'avérer très graves. C'est une urgence !

À RESPECTER

Nourris ton cheval à heures régulières.

Donne-lui 3 repas par jour, avec une plus grosse ration le soir.

À ÉVITER

Nourrir ton cheval juste avant et après le travail.

Le laisser boire immédiatement après un gros effort.

PLANTES POISONS

250 g d'if suffisent à provoquer la mort d'un cheval en quelques minutes. Très toxiques aussi : le thuya, les digitales, les jeunes pousses de prêle, le lierre terrestre... Apprends à les reconnaître !

LE CHEVAL DE LILOU

L'AKHAL-TÉKÉ

Cheval de légende s'il en est, l'akhal-téké est élevé dans les steppes d'Asie depuis 2 500 ans, et sa robe aux reflets métalliques est unique ! Son endurance est incroyable. Vraiment plus rien à brouter ? Il paraît qu'il accepte de manger des œufs, du beurre... et même de la viande.

CHUCHOTEUSE EN HERBE

AUTREFOIS, ON EMPLOYAIT SOUVENT LA FORCE POUR DRESSER LES CHEVAUX. OUF ! LES CHUCHOTEURS, OU NOUVEAUX MAÎTRES, SONT ARRIVÉS... PRENDS EXEMPLE !

Révolution en douceur

Choqués par la violence employée lors du débourrage, des cow-boys imaginèrent de nouvelles méthodes de dressage inspirées des Indiens. Il faut « penser cheval » pour comprendre ses réactions et lui montrer que l'homme n'est pas un prédateur, mais un partenaire avec qui il est agréable de travailler. Ça marche !

MONTY ROBERTS

À 13 ans, il part seul dans le désert du Nevada pour observer des mustangs en liberté. Il étudie leur comportement et met plus tard au point la méthode du « Join up », basée sur la confiance.

PAT PARELLI

Le cavalier écoute son cheval... et le cheval son cavalier ! La méthode de Pat Parelli, le « Natural Horsemanship », est fondée sur l'échange et le respect. Elle repose sur 7 jeux à effectuer en longe, et sur une monte très « nature », à cru et sans bridon.

PORTÉS À L'ÉCRAN

1998 : Robert Redford réalise *L'homme qui murmurait à l'oreille des chevaux*. Ce film, adapté d'un roman de Nicholas Evans, rend célèbres les chuchoteurs. Buck Brannaman, un des plus connus, est conseiller sur le tournage.

CHEVAUX ENTRE EUX

La pratique des chuchoteurs est basée sur l'observation du cheval : même domestiqué, il garde sa nature de grand sauvage. Au fait, comment vit-il sans l'homme ?

FAMILLE ET HIÉRARCHIE

Les chevaux vivent en harde composée d'un étalon, de plusieurs juments et de leurs petits. La plus vieille des juments commande. Selon leur âge, leur force et leur caractère, les autres juments dominent ou sont dominées.

JAMES SULLIVAN FUT LE PREMIER « CHUCHOTEUR ». AU DÉBUT DU XIXE SIÈCLE, IL S'ENFERMAIT DANS LE BOX DES CHEVAUX LES PLUS FAROUCHES ET LES RENDAIT DOCILES EN QUELQUES HEURES. COMMENT ? MYSTÈRE : ILLETTRÉ, IL N'A LAISSÉ AUCUNE TRACE...

MARTHE KILEY-WORTHINGTON

Cette éthologue anglaise (spécialiste de la communication animale) milite pour que le rythme de vie naturel des chevaux soit respecté. Dans sa ferme, ils vivent en groupes familiaux. Les poulains ne sont pas séparés de leur mère mais apprennent à travailler avec elle.

À toi d'agir

- Lis des livres sur la psychologie du cheval.
- Passe de grands moments avec les chevaux : si tu viens seulement au club le temps de ta leçon, tu n'as aucune chance de bien les connaître...

- Sois cohérente : récompense ton cheval et fais-toi respecter en suivant toujours les mêmes règles.
- Fais-le progresser : il a peur de monter dans le van, il a du mal à rester immobile ? Organise des mini-séances de travail pour qu'il surmonte ses peurs !
- Casse la routine : tirer un petit attelage, faire une partie de poney-foot... rends ton cheval plus attentif et renforce votre complicité.

ÉDUCATION
Vive les relations entre générations : c'est en imitant ses aînés et en apprenant à les respecter que le poulain trouve sa place !

AMITIÉ
Certains ne peuvent pas se flairer...

... d'autres s'adorent. Chez les chevaux aussi, il y a les copains et les autres !

AU GALOP

C'EST UN RÊVE... QUI TE FAIT AUSSI UN PEU PEUR. RESTE ZEN : UNE FOIS QUE TU AURAS GOÛTÉ À SON RYTHME CHALOUPÉ, TU TROUVERAS LE GALOP TRÈS RIGOLO !

GALOPER À FAUX, C'EST QUOI ?

Au manège, si tu es à main droite, tu dois galoper à droite : c'est plus commode pour ton cheval. S'il galope sur le mauvais antérieur, on dit qu'il galope à faux.

C'est parti !

Épaules légèrement en arrière, tête haute, jambes enveloppant les flancs de ton cheval... C'est la bonne position ! Suis les mouvements de « fauteuil à bascule » avec ton bassin, accompagne ceux de l'encolure avec tes mains... Facile et super grisant !

DU TROT AU GALOP

Façon débutante

Accélère le trot en pressant plusieurs fois les flancs de ton cheval énergiquement avec les mollets. Déséquilibré, il « tombe » dans le galop.

Façon initiée

Pour demander le galop à droite : utilise la rêne directe gauche (serre les doigts sur la rêne gauche en avançant un peu la main droite), jambe gauche en arrière de la sangle, donne des 2 jambes en avançant ta jambe droite. Pour le galop à gauche... fais l'inverse !

NE PAS FAIRE

Avoir les jambes crispées.

T'accrocher aux rênes : tu vas faire mal à ton cheval. Il va ralentir ou se défendre en agitant la tête... Chute garantie !

1-2-3, EN L'AIR...

Le galop est une allure sautée à 3 temps, plus 1 temps de projection.

S'IL GALOPE À DROITE, LE CHEVAL POSE :

Plein gaz !

Plus ça va vite, plus ça secoue ! Pour mieux absorber les chocs, galope en suspension : décolle légèrement les fesses, penche-toi un peu en avant, et tiens-toi en équilibre au-dessus des étriers. Tu soulages aussi le dos de ton cheval !

La position du jockey

Il règle ses étriers très courts et se penche très en avant pour encourager son cheval à aller plus vite. Pas vraiment confortable...

LE CHEVAL DE LILOU

LE PUR-SANG ANGLAIS

Fous de course, les Anglais ! Au XVIIIe siècle, ils importèrent 3 étalons d'Orient pour les croiser avec leurs juments les plus rapides. Résultat : des poulains « very very fast » ! La race des pur-sang anglais était née. Aujourd'hui, leurs descendants sont des champions qui galopent à plus de 60 km/h sur les hippodromes du monde entier.

LE PLUS RAPIDE

Lors d'une course à Mexico en 1945, Big Racket atteignit 70 km/h. Une vitesse inégalée à ce jour !

CRISPÉE ?

Pour t'habituer au galop, essaie la voltige. Le cheval, très bien dressé, a un rythme souple et il est tenu en longe. Pas de risque qu'il s'emballe : te voilà rassurée !

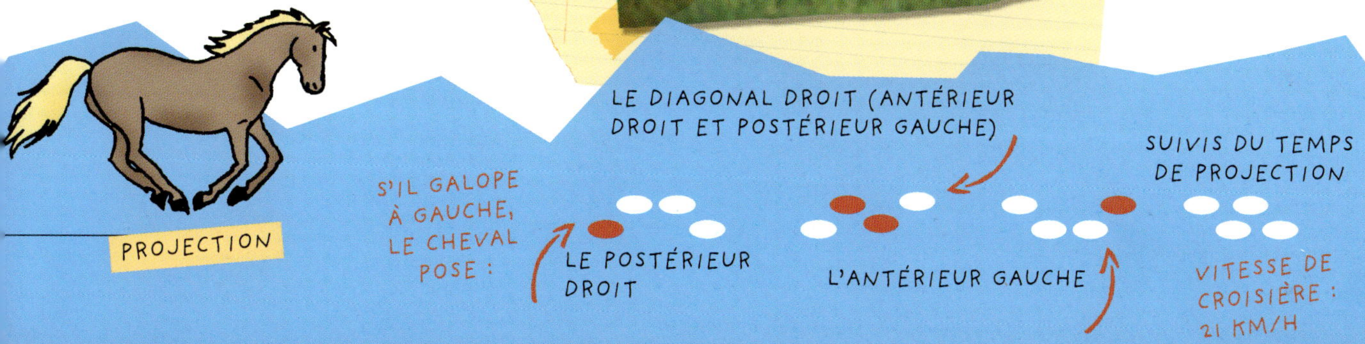

VAS-Y, SAUTE !

TON APPRENTISSAGE COMMENCE PAR LES PETITS CAVALETTI... TU Y PRENDS GOÛT ? PRÉPARE-TOI POUR LE GRAND SAUT. APPROCHE, APPEL, PLANÉ, RÉCEPTION... TU AS FRANCHI L'OBSTACLE !

LES BONS RÉFLEXES

- Chausse tes étriers un peu plus courts.
- Regarde droit devant toi, par-delà l'obstacle.
- Pendant le saut, suis le mouvement : mets-toi en suspension, buste légèrement en avant. Laisse tes articulations fléchir souplement, sans bouger tes jambes. Ton cheval étend l'encolure et la tête. Accompagne-le avec tes mains. Déséquilibrée ? Retiens-toi au collier d'encolure ou attrape une poignée de crins.

1RE ÉTAPE

Commence par franchir des barres au sol. Ton cheval fait des foulées hautes et élastiques. Il travaille la régularité, et toi ta position en équilibre !

2E ÉTAPE

À l'aise ? Aborde une barre isolée ou un croisillon. Aucun risque : à cette hauteur (les cavaletti n'excèdent pas 50 cm), ton cheval ne fait qu'un petit saut. Mais pour toi, la sensation est là !

BARRE

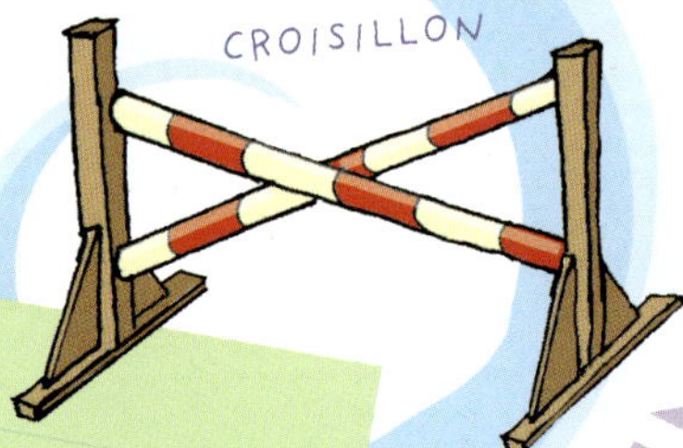

CROISILLON

LE JOURNAL DE LILOU

Moi, franchir cet obstacle, ça ne me disait rien... Il avait l'air riquiqui à pied, mais plutôt monstrueux dès que j'étais sur le dos de Câline. Et voilà : j'ai hésité, elle a hésité, je me suis trop penchée en avant, elle a pilé net devant l'obstacle... et je l'ai passé sans elle ! Selon la monitrice, c'était un magnifique refus !

3E ÉTAPE

Plusieurs passages réussis ? Bravo ! Maintenant, combine les obstacles et enchaîne-les au trot, puis au galop. Un cavaletti, plus un, plus un... c'est presque déjà un parcours !

Le concours de saut d'obstacles

Le but : réaliser un parcours sans faute, dans un sens donné, et souvent en temps limité. Pas forcément difficile : il existe des CSO pour tous les niveaux. Et si l'ambiance du concours t'impressionne, suis ces conseils !

À FRANCHIR SANS FLÉCHIR !

Il existe plusieurs types d'obstacles... Le stationata et le mur sont des verticaux. L'oxer, le spa et le dos d'âne sont des larges.

- Pendant la reconnaissance du parcours (à pied), calcule le nombre de foulées entre les obstacles, et fais défiler mentalement le « film » de ton passage.

- Regarde les autres cavaliers passer !

STATIONATA

MUR

- Échauffe ton cheval au pas, puis fais-lui sauter 2 ou 3 obstacles. Pas plus, pour ne pas le lasser. Trotte et galope brièvement avant de t'élancer, pour le mettre en alerte.

- Fais-toi accompagner par un(e) ami(e) avec qui tu peux parler des difficultés du parcours et de la meilleure façon de les négocier.

OXER

SPA

- Ne t'énerve pas : tu transmettrais ton angoisse à ton cheval.

- En cas d'échec : essaie calmement de comprendre pourquoi, et relativise. Tu feras mieux la prochaine fois !

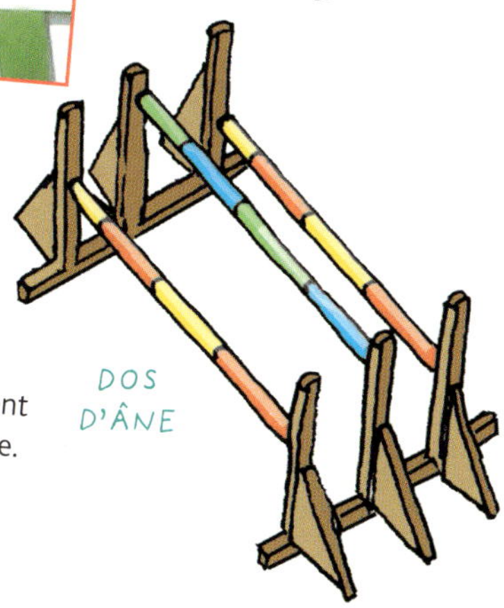

DOS D'ÂNE

LE PLUS HAUT

2,47 m ! franchis en 1949 par Huaso, monté par le commandant Larraguibel.

LE PLUS LONG

8,40 m en 1975 par André Ferreira sur Something.

STARS ET CASCADES

INDOMPTABLES, MALINS, FIDÈLES...
VÉRITABLES HÉROS, LES CHEVAUX
CRÈVENT L'ÉCRAN !

À l'écran

Les beaux films avec les chevaux sont assez rares. Ne rate pas ceux-là !

SPIRIT

Spirit, magnifique mustang, galope sur la grande prairie américaine. Jusqu'au jour où il est capturé par l'armée américaine, qui tente de le dompter par la force. Heureusement, un jeune indien Lakota, prisonnier lui aussi, réussira à faire du cheval son ami...

CRIN BLANC

Nul ne peut approcher Crin Blanc : dans les marais de Camargue, c'est lui qui mène le troupeau, fuyant devant les hommes. Pourtant Folco, le petit pêcheur, rêve de l'apprivoiser...

ZORRO

Le jour, il est Don Diego de la Vega, héritier d'une riche famille de Los Angeles. La nuit, il se transforme en justicier masqué qui « court vers l'aventure au galop »... Grâce à Tornado, son fidèle cheval noir, qui répond présent dès que Zorro le siffle !

LE CHEVAL VENU DE LA MER

Tito et Ossie, les petits citadins, vivent à Dublin avec leur père. Leur grand-père, un Tinker (nomade irlandais) vient leur rendre visite en compagnie de Tir na nog. Ce grand cheval blanc vient, selon lui, d'un pays sous la mer...

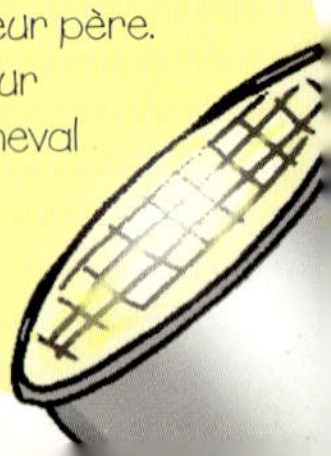

En coulisses

Et voici les artistes au travail !

Sacrifiés au 7e art

Jusqu'aux années 1960, l'industrie du cinéma « consommait » une grande quantité de chevaux. Pour les faire chuter de façon spectaculaire, on tendait tout simplement un fil de fer en travers de leur route. Barbare !

Protégé par la loi

Aujourd'hui, il est interdit de blesser ou de traumatiser tout animal pour les besoins d'un film. Ce cheval a appris à tomber sur demande du cascadeur... Un geste répété des dizaines de fois, et réalisé en toute sécurité !

Devenir cascadeuse

Il n'existe aucune école, car les débouchés sont restreints. Il faut être sportive, intrépide, excellente cavalière et dresseuse... Ouf ! Toujours décidée ? Travaille et garde ton rêve au chaud. Plus tard, tu pourras peut-être t'exercer avec un grand cascadeur. Joëlle Balland, formée par le célèbre Mario Luraschi, a doublé des vedettes féminines dans plus de 200 films...

ÉLÉGANTS, PUISSANTS, ULTRA DOUÉS POUR LE DRESSAGE... LES CHEVAUX IBÉRIQUES ET LES LIPIZZANS SONT SOUVENT CHARGÉS DES CASCADES.

ANECDOTE RIGOLOTE

Pour tourner la série *L'étalon noir*, il fallait un beau cheval sachant nager sans crainte, se cabrer joliment, et assez docile pour être monté par le jeune héros. Aucun ne remplissait toutes les conditions. On a donc utilisé plusieurs chevaux, dont certains étaient teints en noir !

C'EST TOI L'ARTISTE !

TU AIMERAIS DESSINER TON ANIMAL PRÉFÉRÉ ? VOICI QUELQUES IDÉES POUR T'INSPIRER. À TOI D'AJOUTER LE PLUS DIFFICILE : L'ÉMOTION, L'AMBIANCE, LE MOUVEMENT...

P'tit gribouillis

Hyper facile à dessiner et à faire bouger ! Amuse-toi à lui inventer plein d'attitudes et d'aventures...

Presque vrai

Étape par étape, réalise le portrait d'un cheval. Attention : repère bien les proportions et trace des formes très simples pour définir les volumes, puis construis progressivement ton dessin.

1 COMMENCE PAR LA TÊTE...

2 ... PUIS DESSINE 2 GRANDS CERCLES POUR LE CORPS.

3 FINIS PAR LES JAMBES. C'EST UN PEU PLUS DIFFICILE... N'APPUIE PAS TROP AVEC TON CRAYON, POUR POUVOIR RECTIFIER TON TRAIT !

4 IL NE TE RESTE PLUS QU'À COLORIER. ET SI TU REPRODUISAIS LA ROBE DE TON CHOUCHOU ?

PRENDS DES PHOTOS POUR MODÈLE ET SERS-TOI DES MÊMES FORMES DE BASE POUR DESSINER TON CHEVAL DANS D'AUTRES POSTURES. ENTRAÎNE-TOI SOUVENT POUR PROGRESSER !

Préhistorique

1 Agrandis le pochoir stylisé du cheval. Fais plusieurs photocopies jusqu'à obtenir la taille souhaitée (il mesure 70 cm de long dans la réalité, mais le tien peut être un peu plus petit !)

POCHOIR

DESSIN RÉALISÉ AVEC LE POCHOIR

2 Décalque le pochoir, et reporte-le sur un carton léger. Évide les formes (demande de l'aide à un adulte !). Fixe le pochoir sur une grande feuille et tamponne au pinceau avec de la peinture en t'inspirant des couleurs de l'original.

L'original

Découverte en 1944, la grotte de Lascaux, dans le Périgord, est l'un des plus beaux témoignages de l'art préhistorique. Ses peintures datent d'environ 15 000 ans avant notre ère. On y compte 87 aurochs, 88 cerfs et biches, 35 bouquetins, 7 félins, 1 ours, 1 renne… et 355 chevaux !

LE CHEVAL DE LILOU

LE TARPAN

Crins et poils rèches, corps petit et trapu… il ressemble drôlement aux chevaux des cavernes ! Normal : les tarpans occupaient toute l'Europe à la préhistoire. Au XIXe siècle, leurs derniers descendants sauvages ont été capturés en Pologne et la race a disparu… Mais alors, c'est qui, sur la photo ? Un « nouveau » tarpan : aujourd'hui, on a recréé la race à partir des chevaux les plus proches !

LA LEÇON DE L'ILLUSTRATRICE

Les chevaux de Cécile sont mignons à croquer ! Chouette, elle t'apprend à en dessiner un !

LE VERTIGE DE LA VOLTIGE

TROQUE TES BOTTES CONTRE UNE PAIRE DE TENNIS, POUR JOUER À L'ACROBATE ! AU PASSAGE, TU VAS ACQUÉRIR UN BEL ÉQUILIBRE... ET BEAUCOUP DE CONFIANCE EN TOI !

Tenue de gymnaste

Le cheval porte un harnachement spécial.

SPECTACLES DE VOLTIGE

La **VOLTIGE**, c'est aussi un sport de compétition. Par équipe de 8 (avec un maximum de 3 voltigeurs sur le cheval) ou en individuel, il faut montrer le plus d'aisance, de grâce et d'originalité dans des figures imposées et libres. Ça te tente ?

Tour de chauffe

Avant la séance, on fait tourner le cheval en longe aux 3 allures. Pour les apprenties écuyères : course à pied, rotation du corps et saute-mouton !

Au **CIRQUE**, l'art de la voltige se transmet souvent de génération en génération ! Les numéros y sont exécutés sans longe. La piste mesure toujours 13 m de diamètre : c'est la taille qui offre l'inclinaison idéale à l'écuyer quand le cheval galope.

QUEL CHEVAL POUR LA VOLTIGE ?

Un bon cheval de voltige doit avoir le dos large, des allures régulières et bien rythmées, un caractère calme et peu craintif... et ne pas être chatouilleux !

Les figures

Au pas, au trot, au galop : épouse la cadence de ton cheval ! Voici quelques-unes des figures de base. Il en existe plein d'autres à essayer ou à inventer...

L'ÉTENDARD

Mets-toi à genoux, puis tends simultanément le bras intérieur et la jambe extérieure. Essaie de tenir le plus longtemps possible !

LE MOULIN

Ton but : faire un tour sur toi-même en 4 étapes. Lance une jambe pour t'asseoir vers l'intérieur, vers l'arrière, vers l'extérieur, avant de revenir dans ta position initiale. Tout ça sans toucher l'encolure ni la croupe du cheval avec le pied ! Petit jeu : réaliser le plus grand nombre de moulins en un tour de piste.

FAIS TON NUMÉRO

Avec un peu d'entraînement, les figures de voltige ne sont pas difficiles à réaliser... et elles impressionneront à coup sûr ton public ! Choisis une musique rythmée, invente des enchaînements à 2 sur le cheval, sers-toi de la voltige pour monter un numéro humoristique...

DEBOUT !

À genoux, tu lâches les poignées du surfaix, tu te redresses en écartant les bras... Ça y est !

Plus difficile et plus marrant

La **quille** : essaie de faire monter et redescendre un cerceau le long de ton corps.
La **cible** : saute dans un cerceau posé sur le sol.

Monter en plein galop !

Le cheval galope en rond... L'enfourcher te paraît difficile ? En saisissant les poignées du surfaix et en prenant ton élan au bon moment (lorsque ses antérieurs frappent le sol), tu y arriveras pourtant très vite. Entraîne-toi !

LE JOURNAL DE LILOU

Aujourd'hui, gym à cheval ! Super ! La voltige, j'adore ! Debout sur le dos de Virgule, c'est moi la plus grande... et sur son dos, je me sens vraiment en harmonie avec elle. C'est vrai, ça secoue un peu. Mais la monitrice avait raison : quand on se rassoit sur une selle, tout paraît plus facile !

JOUE LE JEU !

DE BEAUX DÉGUISEMENTS, UNE MUSIQUE BIEN CHOISIE... ET CES JEUX PEUVENT DEVENIR D'EXCELLENTS NUMÉROS POUR UN SPECTACLE !

DES JEUX À CHEVAL, IL EN EXISTE DES DIZAINES, BASÉS SUR L'ADRESSE, LA RAPIDITÉ OU LES DEUX. COMBINE TES PRÉFÉRÉS, FORME DES ÉQUIPES, ET ORGANISE UN GYMKHANA !

LES FANIONS

Ce n'est qu'une version parmi plein d'autres ! Conseil : une fois le fanion attrapé, tiens-le comme une épée pour le placer plus facilement dans le plot suivant.

LES TASSES

À un bout du terrain, des tasses sont posées sur une poubelle retournée. Tu dois les ramasser l'une après l'autre et les placer à l'envers sur une rangée de piquets.

PLUS DUR QUE LES TASSES

Remplace les tasses par des balles de tennis et les piquets par des plots. Galope entre les plots, et ralentis pour poser les balles sur le sommet !

JOUEUR PAR NATURE

Dans le pré, les chevaux font la course pour chahuter et se défouler. Ton cheval adore aussi jouer avec toi. Les poneys raffolent par exemple des parties de « foot » : ils savent vite pousser le gros ballon (80 cm) avec leurs jambes ou leur nez !

L'ŒUF ET LA CUILLÈRE

Galope jusqu'au bout du terrain. Descends de cheval. Place un œuf sur une cuillère et reviens à pied, ton cheval à la main, en tenant la cuillère dans l'autre main ou, encore plus fort, dans la bouche... sans casser l'œuf !

LE SLALOM

C'est le plus simple des jeux, et le plus grisant. Tu dois zigzaguer aussi vite que possible entre des piquets ou des plots (sans en rater un, ni les renverser) et revenir.

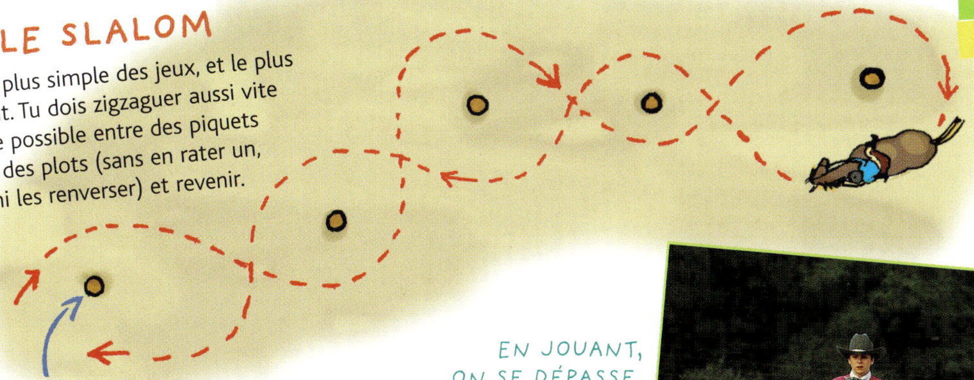

CHRONOMÉTRER LES ÉPREUVES ? BONNE IDÉE… MAIS EN GARDANT À L'ESPRIT QUE LE PRINCIPAL N'EST PAS DE GAGNER, MAIS DE S'AMUSER !

EN JOUANT, ON SE DÉPASSE, DONC ON PROGRESSE. VOILÀ POURQUOI IL EST AUSSI CONSEILLÉ AUX ADULTES DE S'AMUSER !

LE GUÉ

Les pots représentent des « pierres de gué » : descends de cheval, franchis-les le plus vite possible sans tomber, puis remonte en selle et galope jusqu'à l'arrivée !

LE RELAIS

Une coéquipière s'élance témoin en main, effectue sa course et le passe à la suivante. La victoire se joue souvent sur la rapidité de l'échange : entraîne-toi à passer le relais !

PAS DE MATÉRIEL ?

Tu n'as ni plots, ni balles, ni piquets ? Pas de problème ! Joue à Jacques a dit, à l'épervier, au béret… à cheval bien sûr !

COURSE EN SAC

Va jusqu'au sac de jute, enfile-le et sautille jusqu'à l'arrivée en tenant ton cheval par les rênes.

ZOOM

Le parcours de maniabilité

Quand on travaille à cheval, comme les cow-boys, il faut avoir une monture calme et obéissante. Pour tester ces qualités (et aussi celles du cavalier !), le concours d'équitation western comporte des épreuves de maniabilité. Et si tu créais un mini parcours ? Voici quelques idées :

- passer entre des barres au sol aux 3 allures ;
- passer dans un labyrinthe ;
- franchir un pont de bois ;
- sauter de petits obstacles ;
- saisir un sac à un point et le porter jusqu'à un autre…

SUR LES CHEMINS

TE VOILÀ ASSEZ EXPÉRIMENTÉE POUR PARTIR EN BALADE QUELQUES HEURES OU UNE JOURNÉE. EN VOYAGEANT COMME AUTREFOIS, TU VAS VOIR LA NATURE ET LE MONDE AUTREMENT…

QU'EST-CE QUE J'EMPORTE ?

Le minimum : un tee-shirt à manches longues, un poncho pour la pluie, une gourde d'eau et un petit goûter !

Sur les pentes

Les chemins ne sont pas plats comme le manège ! Sois sympa pour ton cheval : fais-toi légère.

ÇA MONTE ?

Agrippe-toi à sa crinière et penche-toi en avant pour soulager son arrière-main.

Regarde où tu vas !

Les branches basses peuvent te désarçonner ou te faire très mal. En forêt, reste attentive et ne regarde jamais en arrière !

ÇA DESCEND ?

Redresse-toi pour ne pas peser sur l'avant-main.

EN FILE INDIENNE

Interdit de doubler ou d'aller brouter la touffe d'herbe au bord du chemin ! Garde toujours ta place dans la colonne et, comme au manège, respecte la distance d'un « cheval fantôme » entre le tien et celui qui te précède.

Pas de panique !

Attention aux bruits ou aux objets que ton cheval ne connaît pas, et qui peuvent l'effrayer : la carte que tu déplies, ta parka que tu ôtes avec de grands gestes, ta gourde qui ballotte sur la selle…

Que faire ? Habitue-le au club à la présence de ces objets. Et pendant la balade, fais-lui suivre un cheval plus expérimenté, dont le comportement calme le rassurera.

DROIT DEVANT

Le sentier est libre et le sol n'est ni caillouteux, ni boueux ? C'est le moment de s'offrir un bon galop !

LUI D'ABORD

De retour au club, tu rêves de prendre une bonne douche, puis de t'écrouler... Pas question ! Tu dois d'abord panser et nourrir ton cheval. C'est aussi une façon de lui dire merci pour toutes les joies qu'il t'a données aujourd'hui.

Signes de piste

Les fers à cheval balisent les pistes cavalières : à suivre !

JOURNAL DE VOYAGE

Tu pars pour une randonnée de plusieurs jours ? Emporte un joli carnet où noter tes aventures. À chaque étape, dessine une mini carte, note tes impressions, fais des croquis... Pense aussi à ramasser des feuilles et des fleurs à faire sécher, prends des photos que tu glisseras plus tard dans cet album.

Bonne conduite

À cheval , il faut bien sûr essayer d'éviter les routes. Si tu es obligée d'en emprunter ou d'en traverser une, reste extrêmement vigilante. Ton cheval est considéré comme un véhicule : tu dois respecter le code de la route.

FAIS-TOI COMPRENDRE !

TENDS LE BRAS DU CÔTÉ OÙ TU VEUX TOURNER.

ABAISSE LENTEMENT LE BRAS PLUSIEURS FOIS POUR DEMANDER À UN VÉHICULE DE RALENTIR.

LÈVE LA MAIN DROITE HAUT DEVANT TOI POUR DEMANDER L'ARRÊT DE LA CIRCULATION.

UN PEU DE COURTOISIE : POUR REMERCIER, LÈVE LA MAIN ET SOURIS !

GRANDS ESPACES

Voyager à cheval, c'est prendre son temps, découvrir autrement les lieux, les gens… Aujourd'hui, des agences spécialisées proposent des randonnées à cheval, dans le monde entier, vers des « destinations de rêve ». Seule condition : être une très bonne cavalière !

Au bord de la mer, les larges plages de sable t'offrent de belles occasions de promenades à cheval. Pour vivre un moment de liberté intense, laisse-toi enivrer par les embruns et le galop !

CHEVAUCHÉE D'ÉTÉ

L'école est finie... et tes leçons au club aussi ! Si tu profitais des vacances pour partager de nouvelles expériences avec les chevaux ? Un stage, une balade dans une autre région, quelques jours en roulotte avec ta famille ... à toi d'imaginer !

Château d'Augias, vue des écuries

Augias, le 7 juillet

Coucou !

Bien arrivée au club des 4 chemins.
Le stage est génial : on monte 3 h par jour,
on aide à préparer et à nourrir les chevaux...
Hier, j'ai douché et démêlé tous les crins
de mon poney pie, Popy... Trop bien !
Aujourd'hui, on a fait une balade pour visiter
le château du village à côté. Trop classe
d'arriver à cheval dans la cour !

Gros bisous Ta Lilou !

Garance Ducheval
Route de l'Étang
63310 Randan
France

PS : garde le timbre pour ta collection !

TOUR DU MONDE AU GALOP

VIVRE AU MILIEU DES CHEVAUX, TRAVAILLER AVEC EUX... CE QUI ÉTAIT AUTREFOIS BANAL EST DEVENU AUJOURD'HUI BEAUCOUP PLUS RARE ! POURTANT, À TRAVERS LE MONDE, DES HOMMES PERPÉTUENT ENCORE DES ÉQUITATIONS ET DES TRADITIONS TRÈS ANCIENNES...

LES GAUCHOS ARGENTINS

Glaciale en hiver, torride en été : c'est la pampa ! Aujourd'hui, des milliers de gauchos continuent à y convoyer des troupeaux de vaches. Leurs chevaux, les criollos, sont pour eux de vrais compagnons, intelligents et endurants. D'une longévité extraordinaire, ils vivent parfois près de 40 ans !

LES COW-BOYS

Pour surveiller les troupeaux, les grands ranchs de l'Ouest américain possèdent aujourd'hui des 4 x 4, et même de petits avions. Mais les cow-boys et leurs fidèles quarter horses aux accélérations foudroyantes restent indispensables : eux seuls savent capturer une bête ou aller chercher un veau égaré au fond d'un canyon.

LES GARDIANS CAMARGUAIS

Ils surveillent les manades, troupeaux de taureaux destinés aux arènes, et de petits chevaux gris qui vivent en semi-liberté dans le delta du Rhône. Pour le gardian, sa monture est un trésor : élevé dans des conditions très rudes (soleil, mistral... et moustiques !), le camargue est robuste et frugal, et ne craint pas d'approcher les *toros*.

LES ITTÉ, ARCHERS JAPONAIS

Le yabusame, tir à l'arc à cheval, est pratiqué au Japon depuis plus de 15 siècles. Aujourd'hui, cet art donne encore lieu à des cérémonies sacrées, où les cavaliers invoquent les dieux pour attirer paix et prospérité sur leur pays.

LES STOCKMEN AUSTRALIENS

Quand les Australiens remplacèrent le cheval par l'automobile, ils relâchèrent leurs chevaux dans la nature ! Aujourd'hui, les « brumbies », qui se sont reproduits librement, sont environ 600 000. Les stockmen, cavaliers qui conduisent d'immenses troupeaux de vaches à travers le bush, en capturent parfois quelques-uns pour en faire des montures de rodéo !

LES CAVALIERS ARABES

Leur équitation complexe et perfectionnée remonte à plus de 1 000 ans ! Au XVIIIe siècle, l'art équestre arabe, le furûsiyya était déjà décrit dans de nombreux traités regroupant les connaissances sur le dressage, l'élevage, les soins, l'hippologie...

LES COW-BOYS

LA SELLE WESTERN
Des étriers bien larges, des lacets pour fixer son paquetage, un pommeau relevé pour attacher le lasso : c'est la selle du cow-boy. Elle est si pratique et confortable que de nombreux randonneurs l'ont adoptée aussi !

RENDUS CÉLÈBRES PAR LES WESTERNS, CE SONT LES PLUS CÉLÈBRES DES CAVALIERS. MAIS LOIN DE LA LÉGENDE, ÊTRE COW-BOY EST AVANT TOUT... UN MÉTIER !

POUR INDIQUER QUE LE BÉTAIL LUI APPARTIENT, CHAQUE RANCH LE MARQUE AU FER ROUGE D'UN SIGNE PARTICULIER.

Rodéo

Autrefois, la première étape du dressage revenait au *bronco buster*. Il gardait l'équilibre sur le dos du cheval jusqu'à ce que l'animal s'avoue vaincu, terrassé par la fatigue. Aujourd'hui, cette épreuve de rodéo ne dure plus que 8 (longues) secondes !

Le *Round up*

Une fois par an, les cow-boys rassemblent tout le bétail du ranch : il faut compter les bêtes, marquer et vacciner les veaux nouveau-nés.

Aventurières du Far West

L'Ouest américain au XIXe siècle, c'était vraiment comme dans les films : un monde sans pitié… où quelques filles ont pourtant réussi à se faire une place !

CHARLOTTE DARKEY PARKHUST (1812-1879)

Adolescente, elle s'enfuit de l'orphelinat. Elle travaille comme palefrenier, puis devient conducteur de diligences et vit toute sa vie déguisée en homme !

CALAMITY JANE (1852-1903)

À 13 ans, elle est déjà une cavalière et un « colt » réputés ! À 18 ans, elle s'enrôle dans l'armée du général Custer, qui mène la guerre contre les Cheyennes.

ET SI TU ESSAYAIS L'ÉQUITATION WESTERN ?

Le quarter horse

Capable de démarrer à une vitesse incroyable, de tourner très serré, de s'arrêter net en plein galop… il est parfait pour convoyer d'immenses troupeaux de vaches, surtout qu'il a un caractère en or !

LES « CHARROS » MEXICAINS

Le travail de ces autres cavaliers des Amériques est semblable à celui des cow-boys. Signe de reconnaissance : leur sombrero, fait de paille finement tressée ou de poils de lapin angora, et qui peut coûter une petite fortune !

COMME UNE INDIENNE

LES GUERRIERS DE NOMBREUSES TRIBUS COMME LES APACHES SE PEIGNAIENT LE VISAGE ET DESSINAIENT DES MOTIFS SUR LEUR CHEVAL POUR EFFRAYER L'ENNEMI. TU PEUX AUSSI FAIRE EN SORTE QUE CE SOIT... JUSTE JOLI !

Comme autrefois

Chaque plume d'aigle était une récompense accordée à l'Indien (où à l'Indienne) pour sa bravoure, son courage... Ce vieil homme arbore la coiffe d'un grand chef.

NOMS INDIENS

C'est une caractéristique physique ou le caractère qui définissait le nom du cheval : Tête noire, Deux balzanes, Cheval blanc fou...

« Shonk-a-wakan »

Des fossiles le prouvent : pendant la préhistoire, il y avait des chevaux en Amérique. Puis, voici 12 000 ans, ils disparurent mystérieusement... Au XVIe siècle, les conquistadores espagnols en amenèrent sur leurs bateaux. Les Indiens des plaines, qui utilisaient jusque-là des chiens pour tirer leurs travois, adoptèrent alors le cheval, qu'ils appelaient *Shonk-a-wakan* : « grand chien » ou « dieu chien »...

Une parmi d'autres...

Au XVe siècle, plus de 300 tribus indiennes étaient dispersées en Amérique du Nord. Chacune parlait sa langue, avait sa culture propre... Il existait ainsi des milliers de sculptures, de bijoux, de costumes de styles très différents !

Indien du XXIe siècle

Plus pratique : ce Navajo a adopté la tenue d'un cow-boy ! Il revêt son costume traditionnel à l'occasion des pow-wow, fêtes réunissant plusieurs tribus.

QUELQUES PISTES

Dessine des motifs sur le chanfrein, sous les yeux et sur les flancs de ton cheval, et accroche de belles plumes à son toupet.

CAVALIERS IBÉRIQUES

VAQUERO EN ESPAGNE, CAMPINO AU PORTUGAL... CES CAVALIERS GARDENT LES TROUPEAUX DE VACHES ET DE TAUREAUX DESTINÉS À L'ARÈNE. TRÈS FIERS DE LEURS CHEVAUX, ILS ONT AUSSI UN SENS AFFIRMÉ DE LA FÊTE. OLÉ !

Férias

Au mois de mai, les cavaliers andalous se retrouvent à Séville et à Jerez pour de grandes festivités : corridas, *doma vaquera*, ***acoso y derribo*** (épreuve destinée à tester la bravoure des taureaux)... L'occasion pour les hommes de revêtir le costume traditionnel, et pour les femmes d'être les plus belles !

« DOMPTE LA VACHE »

Issue de l'équitation de travail des vachers, la *doma vaquera* espagnole est devenue une discipline de concours. La tenue du cavalier et le harnachement du cheval doivent respecter les traditions andalouses. Après la présentation viennent les épreuves de dressage, avec des figures imposées ou libres.

DANS L'ARÈNE

À l'origine, la corrida était pratiquée à cheval par les nobles. Lorsqu'on l'interdit au XVIIIe siècle les gens du peuple commencèrent à toréer à pied. Aujourd'hui, la corrida à cheval ou portugaise est à nouveau très prisée. En France, Marie Sara, une célèbre torera, a contribué à la faire connaître.

Qui est qui ?

En Espagne, on élève le pure race espagnol (autrefois appelé « andalou »), au Portugal, le lusitanien. Ces chevaux se ressemblent beaucoup, car ils ont des ancêtres communs. Ils partagent aussi des qualités : robustesse, gentillesse, courage... L'un et l'autre sont aussi très appréciés pour le dressage, où ils excellent en partie grâce à leur morphologie. Ce qui n'empêche pas les querelles entre les fans des 2 races !

L'ÉLÉGANCE IBÉRIQUE

De tous les chevaux, ce sont les ibériques qui possèdent les crinières les plus longues et les plus fournies. Les chevaux sont toilettés différemment selon leur âge et leur sexe. Ci-dessous les tresses traditionnelles des mâles adultes exigées en *doma vaquera*.

LE TOUPET EST TRESSÉ AVEC 3 BRINS.

PARTAGE LA CRINIÈRE SUR TOUTE LA LONGUEUR EN 2 RANGÉES DE CRINS, L'UNE TOMBANT À DROITE ET L'AUTRE À GAUCHE. NATTE CES 2 RANGÉES SÉPARÉMENT.

Écoles de la perfection

Comme le Cadre noir de Saumur en France, l'École royale andalouse et l'École portugaise maintiennent des traditions issues de traités d'art équestre datant du XVIIIe siècle. En plus des exercices classiques de haute école (airs relevés, cabrioles, croupades), les chevaux sont dressés au « pas espagnol » : le cheval avance lentement en tendant devant lui les antérieurs.

À LA COSAQUE

Se tenir debout sur sa selle pour voir arriver l'ennemi, passer sous le ventre de son cheval pour éviter un coup de sabre... Au XVe siècle, l'équitation cosaque était une arme de guerre. Ces cavaliers russes sont à l'origine de la voltige en ligne.

Montures de combat

La voltige cosaque, ou *djiguitovka*, exige d'excellents chevaux ! Ils sont dressés à rester immobiles, à se coucher, à nager, à rester impassibles quand retentissent des coups de feu...

LA TOQUE

1 Dans un tissu imitation fourrure pas trop épais, découpe 2 rectangles et un cercle. La longueur des 2 rectangles mis bout à bout doit être égale à ton tour de tête (ou de ta bombe si tu portes ton costume à cheval).

2 Fais un ourlet sur un des grands côtés de chaque rectangle.

3 Assemble les 3 morceaux en cousant sur l'envers.

4 Remets à l'endroit.

Acrobatique

La voltige cosaque se pratique en ligne droite, sur un cheval lancé au grand galop. Cette figure s'appelle un « homme dressé » ou un « debout ». Elle s'effectue aussi les 2 bras levés en l'air !

TOQUE EN FAUX MOUTON

UTILISE UN LONG FOULARD EN GUISE DE CEINTURE

RUBANS DE SATIN ET GALONS EN ZIGZAG

TUNIQUE À MANCHES LONGUES AVEC UN COL DROIT

PANTALON NOIR

BOTTES NOIRES

BOTTES ET PANTALON D'ÉQUITATION SONT PARFAITS

CAVALIERS MONGOLS

UNE SELLE SURÉLEVÉE

Les chevaux mongols, très légers, supportent leur cavalier pendant de longues étapes. La selle est donc conçue pour répartir le poids de l'homme, avec un siège rehaussé de 15 cm pour soulager le dos de l'animal.

SANS CHEVAL, IMPOSSIBLE DE VIVRE SUR L'IMMENSE STEPPE AU CLIMAT EXTRÊME... LA MONGOLIE DÉTIENT D'AILLEURS UN RECORD MONDIAL : ON Y COMPTE QUATRE MILLIONS DE CHEVAUX POUR UN MILLION ET DEMI D'HABITANTS !

LE LASSO

Chaque famille possède un grand troupeau de chevaux à demi sauvages. Avant de les monter, il faut les attraper au grand galop avec l'*uurga*, une sorte de lasso fixé au bout d'une longue perche.

Éleveurs nomades

Comme leurs ancêtres il y a 1 000 ans, les Mongols se déplacent sans cesse à la recherche de nouveaux pâturages pour leurs troupeaux de chevaux, de moutons, de yacks ou de chèvres... Ils vivent dans des yourtes, tentes de feutre ou de peau.

La course de l'année

Le 11 juillet de chaque année, plus de 600 enfants s'élancent pour le Naadam du Gal Shar, une course d'endurance de près de 40 km. Les jeunes cavaliers montent parfois à cru, pour être le plus légers possible !

Son nom est sa couleur...

Les Mongols ne donnent pas de noms à leurs chevaux : ils les désignent par la couleur de leur robe. Leur langue est riche d'environ 300 mots pour en définir les nuances.

« Un Mongol ne tombe jamais de cheval... »

Dès qu'ils savent marcher, les enfants apprennent aussi à monter. Les plus doués ont droit à une récompense : monter un cheval blanc, considéré comme le plus beau !

CAVALIERS DES PLAINES

AFGHANS, TURKMÈNES, HONGROIS : EN ASIE CENTRALE ET EN EUROPE DE L'EST, CES CAVALIERS CHEVAUCHENT DEPUIS DES TEMPS ANCESTRAUX SUR DES PLAINES QUI S'ÉTENDENT À PERTE DE VUE. LEURS CHEVAUX SONT FOUGUEUX, FIDÈLES ET MAGNIFIQUES...

JEUX KIRGHIZES

Chez les tchabanes, bergers du Kirghizstan (au nord-est de l'Afghanistan), le bozkachi prend le nom de *kok-par*. Ils jouent aussi au *Kyzkumaï*, où les jeunes cavaliers pourchassent à cheval... les filles à marier !

Les chopendoz afghans

Du temps de Genghis Khan, au XIIIe siècle, des cavaliers s'affrontaient déjà lors de grandes parties de Bozkachi, ou « arrache-chèvre ». Lancés au galop, les hommes se disputent une carcasse pesant près de 40 kg. Tous les coups sont permis !

EMBLÈME DU TURKMÉNISTAN

Fierté nationale

Quand le Turkménistan est devenu indépendant en 1991, l'akhal-téké, déclaré « trésor national », a été choisi comme emblème de son pays.

MONTER À LA TURKMÈNE

Jadis, tout guerrier turkmène partait à la guerre avec 2 chevaux. Chacun supportait le poids de son cavalier un jour et récupérait le lendemain, mené en longe. Malin pour disposer toujours d'un cheval frais... et parcourir des distances impressionnantes !

Les Turkmènes

Ce peuple cavalier élève, dans la tradition, l'une des plus anciennes races au monde. Pour les Turkmènes, rien n'a plus de valeur que le magnifique akhal-téké, frugal, rapide et si souple qu'il se déplace « comme un serpent »... Aujourd'hui, ce cheval très recherché pour les courses est présent en France, aux États-Unis, en Italie, en Autriche... Il a de plus en plus d'admirateurs !

Les czikos hongrois

Dans la steppe herbeuse, ils sont encore quelques dizaines à garder les taureaux gris et les moutons ratzkas aux cornes torsadées. Les czikos sont des experts du dressage et de la voltige.

COMME UN CZIKO

LE COSTUME BLEU DES CAVALIERS HONGROIS EST SOMPTUEUX... ET UTILE. AU GALOP, L'AIR QUI S'ENGOUFFRE DANS SES VOILES PERMET AU CZIKO DE MIEUX SUPPORTER LA CHALEUR.

La poste hongroise

La spécialité et l'orgueil des czikos est de réaliser cette figure. Le cavalier, chaque pied posé sur la croupe d'un cheval, peut en mener jusqu'à 7 autres devant lui au grand galop !

LE CHAPEAU

1 Découpe une forme en carton en reproduisant le modèle puis recouvre-la de feutrine noire.

2 Colle du Velcro aux extrémités pour pouvoir refermer la forme autour de ta bombe.

VRAIS COMPAGNONS

Les chevaux nonius sont les descendants d'un étalon de l'armée de Napoléon et de juments hongroises. Dociles et résistants, ils sont aussi attelés pour labourer les champs.

CAVALIERS D'AFRIQUE DU NORD

AU MAGHREB SUBSISTENT DES BÉDOUINS DONT LA PLUS GRANDE RICHESSE EST LE CHEVAL. MAIS PAS N'IMPORTE LEQUEL ! « FILS DU VENT », LE CHEVAL ARABE, EST UN VRAI SEIGNEUR...

Membre de la famille

Le jeune cheval dort avec les enfants sous la tente. Très vite, on lui fait porter un petit sac de sable sur le dos, pour l'habituer au poids de son futur cavalier. Élevé avec douceur et respect, il entretient des liens très forts avec ses maîtres...

Star internationale

Frugal, rapide, endurant... Pour de nombreux cavaliers, le cheval arabe a toutes les qualités, plus la noblesse et la beauté ! Il est désormais élevé dans le monde entier, et les plus beaux sujets peuvent être vendus plusieurs millions d'euros.

DRÔLE DE RÉGIME

Dans le désert, la saison des pluies se fait parfois attendre. Si l'herbe vient vraiment à manquer, le cheval est nourri comme les hommes de lait de chamelle, de dattes séchées et parfois de sauterelles sautées !

NOBLES LIGNÉES

On raconte que Mahomet établit un jour son camp près d'une rivière, sans laisser boire ses chevaux. Il les relâcha enfin, mais fit aussitôt sonner les trompettes de guerre. Seules 5 juments s'arrêtèrent de s'abreuver et répondirent à son appel : Saklaouia, Koheila, Obeya, Hamdan et Hadan. Elles sont considérées comme les fondatrices de la race arabe. Leurs descendants sont dits *asil* (purs), et depuis 14 siècles, les bédouins prennent soin de les croiser entre eux.

La fantasia

Lancer son fusil en l'air et le rattraper, ramasser une ceinture au sol au galop, changer de cheval en pleine action...
C'est ainsi que les guerriers nomades s'entraînaient à mener des attaques éclairs, les razzias, chez les tribus voisines. Plus tard, ces exercices devinrent des jeux baptisés « fantasia ». Aujourd'hui, ils accompagnent les fêtes traditionnelles ou religieuses.

CAVALIÈRE DU DÉSERT

LES CAVALIERS D'AFRIQUE NOIRE ET DU MOYEN ORIENT S'HABILLENT SOUVENT DE BLANC POUR SE PROTÉGER DES RAYONS MEURTRIERS DU SOLEIL. LES JOURS DE FÊTE, ILS ÉCHANGENT LEUR TENUE CONTRE UN COSTUME CHAMARRÉ ET COUVRENT LEURS CHEVAUX DE PARURES !

En Jordanie

Les bédouins sont présents dans le désert du Wadi-Rum, au sud du pays. Ils organisent de grandes courses de dromadaires, mais entraînent aussi de magnifiques pur-sang arabes qui leur sont confiés dès l'enfance.

CE CHEVAL PORTE UNE PARURE DE CHASSE À PERLES ET À POMPONS DU WADI-RUM.

CHÈCHE : LONGUE ÉCHARPE DE COTON. À ENROULER AUTOUR DE TA BOMBE, SI TU MONTES COSTUMÉE.

TUNIQUE BRODÉE

PANTALON D'ÉQUITATION

2 GRANDES BANDES DE TISSUS DIFFÉRENTS, CROISÉES DEVANT ET DERRIÈRE

BOTTES D'ÉQUITATION

LA CEINTURE EST UNE SIMPLE BANDE DE TISSU NOUÉE

SPLENDIDE !

Ce costume s'inspire de la tenue des cavaliers doggari du Cameroun, qui forment la garde personnelle du Lamido (seigneur) de Rey, un territoire grand comme la Belgique !

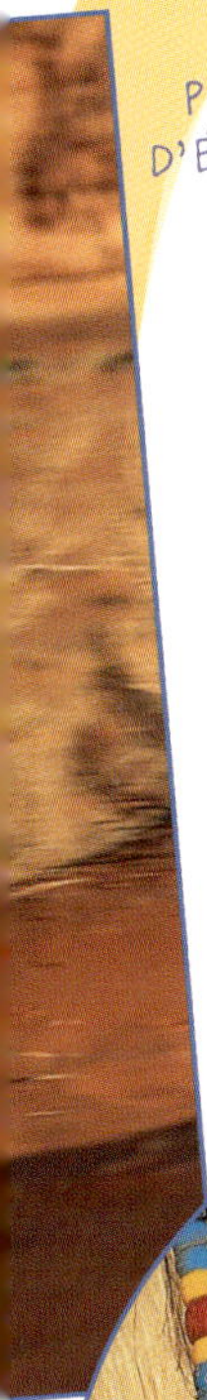

BEAU COLLIER, NON ? AMUSE-TOI À CRÉER D'AUTRES MODÈLES : CHOISIS TES COULEURS, GLISSE DES PERLES SUR LES FILS DE LAINE...

POMPONS RONDS

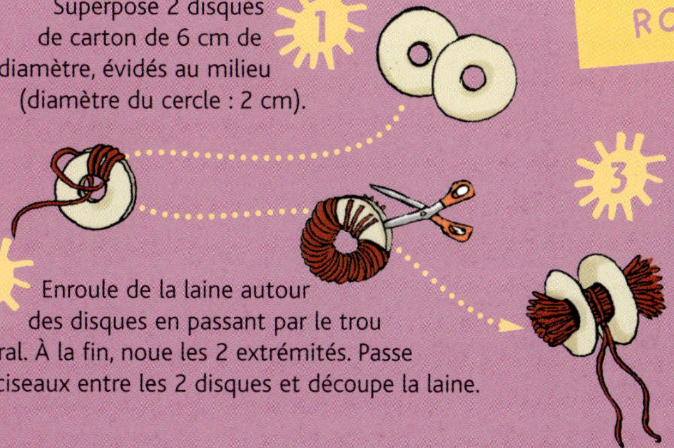

1. Superpose 2 disques de carton de 6 cm de diamètre, évidés au milieu (diamètre du cercle : 2 cm).
2. Enroule de la laine autour des disques en passant par le trou central. À la fin, noue les 2 extrémités. Passe des ciseaux entre les 2 disques et découpe la laine.
3. Écarte les disques et noue avec un brin de laine assez long, à attacher ensuite sur le frontal de ton cheval ou sur un collier de chasse.

MONTE TON SPECTACLE

UN SPECTACLE POUR LES PARENTS, LES COPAINS, POUR FAIRE CONNAÎTRE LE CLUB ? BONNE IDÉE ! MAIS ATTENTION : UNE BELLE FÊTE NE S'IMPROVISE PAS À LA DERNIÈRE MINUTE !

ZOOM

LE CARROUSEL

C'est un enchaînement de figures (voltes, doubler, diagonales...) réalisées en musique par plusieurs cavaliers. Apprendre à bien s'aligner, maintenir son cheval à une allure régulière, suivre un tracé rigoureux... demandent de nombreuses heures de répétition !

3 MOIS AVANT

On se lance !

Première réunion : les idées fusent ! Discute des numéros avec le moniteur. Selon tes goûts et tes aptitudes, participe à un numéro de voltige, à une démonstration de sauts d'obstacles... Très apprécié aussi pour clore le spectacle : le carrousel.

Mises au point

2 MOIS AVANT

Les numéros sont choisis : le compte à rebours commence ! Réfléchis maintenant à la thématique du spectacle et aux musiques qui l'accompagneront. Commence à t'entraîner à la fin de chaque reprise...

CAVALIÈRES DU MONDE

Réfère-toi aux pages précédentes pour imaginer une mise en scène et des costumes selon les traditions des peuples cavaliers. Inspire-toi d'un récit existant ou invente, en t'appuyant sur leur mode de vie et leurs légendes...

1 MOIS 1/2 AVANT

Répétitions à gogo

On répète encore et encore... pour que tout soit parfait !

1 MOIS AVANT

On compte les jours...

Tout est au point ! Il est temps de réaliser l'affiche : trouve une « accroche » amusante et bien lisible. Demande l'autorisation d'en placarder à l'école, dans les commerces...

7 JOURS AVANT

Répétition générale

Sans le décor ni les costumes, mais avec beaucoup de talent !

JOUR DE FÊTE

LE PUBLIC SE PRESSE AUTOUR DU MANÈGE. EN COULISSES, TOUT LE MONDE RETIENT SON SOUFFLE... BIENTÔT VONT RETENTIR LES PREMIÈRES NOTES DE MUSIQUE : EN AVANT, LES ARTISTES !

Derniers préparatifs

Les vedettes du jour sont mises en valeur...

CHEVAL-CHIC

RÉALISE DES **DAMIERS** SUR SON ARRIÈRE-MAIN ET DES **PIONS** DANS SA CRINIÈRE !

DAMIERS

1• Passe une éponge mouillée sur la robe et pose le pochoir spécial dessus. Brosse les poils vers le bas avec une brosse douce.

2• Retire doucement le pochoir et utilise un peu de laque ou de gel pour fixer le motif.

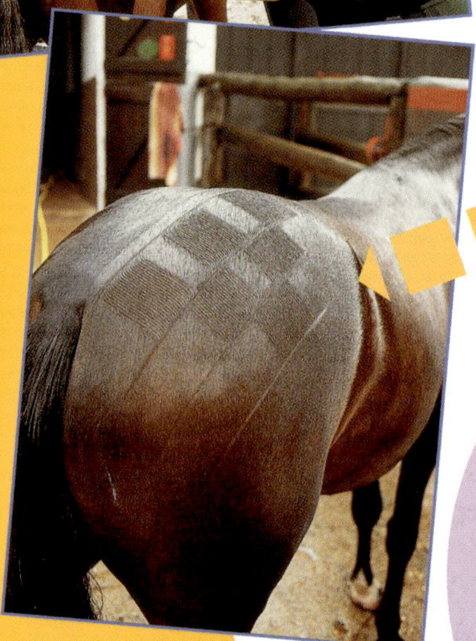

TU PEUX AUSSI TRACER DES LIGNES AVEC UN PEIGNE.

FABRIQUE TON POCHOIR

Prends une feuille plastique, Rhodoïd de format A4. Dessine avec un feutre indélébile des petits carrés à intervalles réguliers : 7 sur la ligne supérieure, puis 6, puis 5... jusqu'à 1. Demande à un adulte d'évider ces carrés avec un cutter. Ton pochoir est prêt !

PIONS

1 Divise la crinière en touffes égales, et tresse-les bien serrées. Pour chaque tresse : replie une première fois et maintiens avec un élastique.

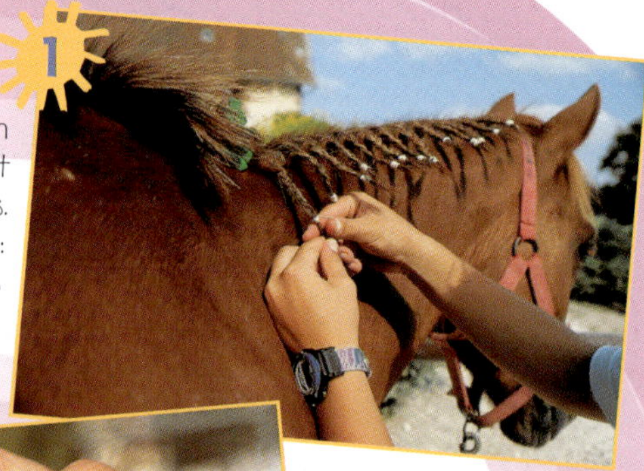

2 Puis replie une nouvelle fois la tresse en deux. Enfin, enroule l'élastique bien serré.

Un peu plus compliqué : le tressage andalou.

NATTER LA QUEUE

1 Démêle la queue après l'avoir mouillée.

2 Réalise une tresse centrale jusqu'en bas du couard, en prenant au fur et à mesure les mèches latérales pour entourer le couard.

POUR EMBELLIR LES NATTES, GLISSES-Y DES RUBANS.

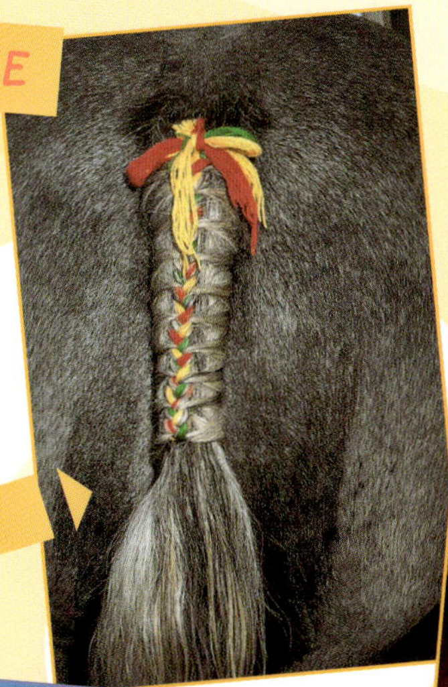

SI TU PRÉFÈRES, TERMINE PAR UNE TRESSE SIMPLE.

JOLI, NON ? POUR NE PAS CASSER LES CRINS, DÉNATTE TON CHEVAL APRÈS LE SPECTACLE !

EXPO SOUVENIR

Très fiers de vous, les parents font plein de photos... À la rentrée prochaine, pense à exposer les plus sympas !

Salut final

Apprends à ton cheval à exécuter la jambette...

Avec une cravache, tapote le membre de ton cheval. Encourage-le à soulever son antérieur et à le garder à l'horizontale quelques instants.

Place au spectacle !

C'est parti... Les numéros s'enchaînent ! À la fin, les artistes saluent le public.

Utilise toujours les mêmes mots et les mêmes gestes, montre-toi patiente et récompense-le à chaque progrès !

PRÉPARE TES GALOPS

EN SKI, IL Y A LES ÉTOILES, AU JUDO LES CEINTURES... ET EN ÉQUITATION, LES GALOPS ! COMMENT ÇA MARCHE ?

COMBIEN DE GALOPS ?

Il existe 7 galops, classés par niveau croissant de difficulté. Réussir les premiers est assez facile... À partir du 4e, ça se corse. Et pour obtenir le dernier, il faut avoir un excellent niveau !

C'est quoi les galops ?

Ce sont les examens de la Fédération française d'équitation. Pour pouvoir les passer, il faut posséder la licence de la Fédération, qui permet de bénéficier en même temps d'une assurance pour les activités équestres.

Quand les passe-t-on ?

Tout dépend de ta progression. Au début, tu peux espérer en passer un chaque année (il faut avoir le 1er pour présenter le 2e, etc). Mais tu peux aussi aller plus doucement... À chacune son rythme ! À partir du 3e, il faut souvent plus de temps pour acquérir le niveau supérieur. Cela dépend aussi de la fréquence de tes reprises. En règle générale, plus on monte souvent, plus on progresse vite !

Passer les galops, à quoi ça sert ?

À savoir exactement où tu en es, à progresser en te donnant des objectifs, à approfondir ta connaissance du cheval (anatomie, psychologie, soins, nourriture...). Ces diplômes sont aussi obligatoires pour participer aux compétitions officielles ou exercer certains métiers. Le 7e galop est par exemple exigé pour la formation de moniteur.

LA THÉORIE

DEMANDEZ LE PROGRAMME...

GALOP 1

L'objectif : « Après avoir pansé et amené sa monture en main sur le terrain, être capable de se déplacer au pas et au trot. »

- **Les soins :** effectuer un pansage élémentaire, aborder le cheval, lui mettre le licol, l'attacher, amener la monture en main sur le terrain, débrider et desseller.
- **La pratique :** partir au pas et l'entretenir, conduire sur des courbes larges, savoir s'arrêter. Découvrir son équilibre au trot, partir au trot et l'entretenir, revenir au pas. Découvrir son équilibre au galop.
- **La théorie :** savoir nommer les parties principales du cheval, les robes. Connaître les règles de sécurité de base, le matériel de pansage et les principales disciplines équestres.

Galop 2

L'objectif : en plus des compétences acquises pour le galop 1, tu dois être capable d'effectuer un pansage complet, de te déplacer aux 3 allures, de seller et de brider ton cheval.

À RETENIR

RELIRE LE CAHIER DE LEÇONS QUE J'AI TENU PENDANT TOUTE L'ANNÉE. EN FAIT, C'EST FOU, TOUT CE QUE JE SAIS !

NE PAS ÉCOUTER LES BÊTISES DES COPINES (« C'EST SUPER DUR », « CLARA NE L'A PAS EU PARCE QU'ELLE EST TOMBÉE SUR UNE QUESTION HYPER DIFFICILE QU'ON AVAIT JAMAIS VUE », ETC.)

UN PEU DE STRESS ? AU CALME DANS MA CHAMBRE, JE FAIS LE VIDE DANS MA TÊTE, JE RESPIRE PROFONDÉMENT ET LENTEMENT... OUF, ÇA RELAXE !

L'EXAMINATEUR N'EST PAS LÀ POUR NOUS PIÉGER. SON BUT N'EST PAS DE DÉGOÛTER SES ÉLÈVES DE L'ÉQUITATION, MAIS ALORS, PAS DU TOUT !

« S'IL TE PLAÎT, MAMAN, AIDE-MOI À RÉVISER LA THÉORIE »... C'EST PLUS FACILE À 2, ET MAMAN, ÇA LUI PLAÎT DE PARTAGER MA PASSION !

LE JOURNAL DE LILOU

Ça y est, je l'ai ! Comme disent papa et maman, on se demande bien pourquoi je me suis tant inquiétée... Ils ont raison, mais ça m'énerve ! N'empêche : je jure que le passage du premier galop me servira à aborder les prochains... beaucoup plus zen !

TON CHEVAL À TOI

POSSÉDER UN CHEVAL, C'EST LE RÊVE DE TOUTE CAVALIÈRE. MAIS LA DÉCISION NE SE PREND PAS SUR UN COUP DE TÊTE : N'OUBLIE PAS QUE LE BONHEUR DE TON « COPAIN » DÉPENDRA DE TOI ! PÈSE BIEN LE POUR ET LE CONTRE...

RÉPONDS SANS TRICHER !

- Chaque jour sans exception, tu devras passer beaucoup de temps à t'occuper de ton cheval. Es-tu prête à t'y engager ? OUI ☐ NON ☐
- Pas question pour autant de délaisser ton travail scolaire ! Es-tu sûre de pouvoir tout mener de front ? OUI ☐ NON ☐
- Es-tu capable de prodiguer à ton cheval les soins auxquels il a droit (nourriture, santé...) ? OUI ☐ NON ☐
- As-tu réfléchi à l'endroit où tu vas le loger ? CHEZ TOI ☐ CHEZ UN AMI ☐ AU CLUB ☐
- Qui le gardera lorsque tu partiras en vacances ? TA FAMILLE ☐ UN AMI ☐ LE CLUB ☐
- As-tu évalué le coût de son entretien (nourriture, visites du vétérinaire et du maréchal-ferrant...) ? As-tu envisagé des solutions pour y faire face ? OUI ☐ NON ☐

Tu as répondu « OUI » à toutes ces questions, tu as bien réfléchi à tout ? Alors, parles-en à tes parents... S'ils refusent, ne boude pas, ils accepteront peut-être plus tard si tu es toujours aussi déterminée !

Et même si cela te semble loin, tu pourras réaliser ce rêve merveilleux lorsque tu seras adulte... Sois patiente, cela en vaut la peine, et ta passion n'en sera que plus forte !

UNE FILLE ET PLEIN DE CHEVAUX

Elle en a de la chance, Pauline ! Son père est maréchal-ferrant, sa mère monitrice d'équitation... et dans sa maison, une ferme située au Pays basque, la famille élève 11 chevaux !

Le bon choix

Youpi, c'est d'accord ! Comment faire pour trouver le cheval de tes rêves ?

LE CANDIDAT IDÉAL

Un poulain, c'est craquant, mais le dressage, ça ne s'improvise pas ! Un petit poney, c'est bien pour débuter, mais tu vas grandir, et lui non... Pour choisir, prends en compte ton niveau d'équitation, les futures conditions de vie de ton cheval, les activités que tu vas mener avec lui (randonnées, compétitions)...

OÙ LE TROUVER ?

Dans les foires et les salons, tu auras la possibilité de voir plein de races différentes et d'interroger les éleveurs. Tu as choisi ? Visite les élevages, lis les petites annonces de la presse spécialisée...

NE PAS SE TROMPER

Recommandé : fais-toi accompagner par un cavalier confirmé ou ton moniteur pendant tes démarches, et essaie le cheval que tu penses acheter !

Indispensable : avant l'achat, demande à un vétérinaire d'examiner le cheval. Il vérifiera qu'il n'est pas malade, qu'il n'a pas de vices cachés (boiterie, tics...), que ses vaccinations sont à jour. Assure-toi qu'il est identifié, c'est obligatoire.

JAMAIS SEUL !

Un cheval a besoin de compagnie. Si tu envisages de le faire vivre au pré, arrange-toi pour partager avec le propriétaire d'un autre cheval ou donne-lui un petit compagnon (chèvre, mouton...)

LE JOURNAL DE LILOU

Fin de mon cahier... Demain, je pars à la mer. Dans un mois, je retrouverai Câline, Caramel, Lutine, Frimousse, les copines, le club... J'ai hâte ! Mais comme je suis (paraît-il) incorrigible, j'ai glissé dans mon sac à dos plein de romans à dévorer sur la plage : des histoires de... chevaux !

PETIT VOCABULAIRE DE LA PARFAITE CAVALIÈRE

VOICI QUELQUES DÉFINITIONS QUI SE RAPPORTENT AU CHEVAL ET À SON UNIVERS. IL EXISTE BIEN D'AUTRES MOTS OU EXPRESSIONS : FAIS-TOI UN LEXIQUE OÙ TU LES NOTERAS AU FUR ET À MESURE DE TES DÉCOUVERTES !

A

Antérieurs : jambes avant du cheval.

Aides : moyens dont dispose un cavalier pour communiquer avec son cheval. On parle des aides « naturelles » (mains, jambes, voix, poids du corps), et des aides « artificielles » (cravache, éperons...).

Allure : manière d'avancer du cheval. Il y a 3 allures principales : le pas, le trot et le galop.

Amble : allure particulière où le cheval avance en levant en même temps l'antérieur et le postérieur du même côté. Très confortable pour le cavalier !

Arrière-main : partie arrière du cheval comprenant la croupe, la queue et les postérieurs.

Assiette : aptitude du cavalier à garder son équilibre en toute circonstance. Un cavalier a une bonne ou une mauvaise assiette, selon qu'il se tient bien ou mal.

Avant-main : partie avant du cheval comprenant la tête, l'encolure et les antérieurs.

B

Balzane : marque blanche sur une jambe.

Barre : espace sans dents situé entre les incisives et les molaires du cheval ; on y place le mors.

Botter : ruer, frapper avec les postérieurs.

Bouchonner : frotter vigoureusement le cheval avec une poignée de paille serrée ou une brosse appelée bouchon.

Box : à l'écurie, stalle individuelle fermée où on laisse le cheval sans l'attacher.

Boxer : ruer, frapper avec les antérieurs.

Bridon : harnachement (appelé aussi filet) que l'on place sur la tête du cheval servant à le diriger.

C

Carrière : espace extérieur clos par des barrières (les lices), où l'on pratique l'équitation.

Carrousel : parade où des cavaliers divisés en petits groupes exécutent des figures de manière synchronisée et symétriquement, parfois en musique.

Chaps : abréviation du mot espagnol *chaparajos*. Jambières que le cavalier porte par-dessus son pantalon pour se protéger des frottements.

Coucher les bananes : expression qui signifie que le cheval couche les oreilles en arrière.

Couteau de chaleur : lame qui ne coupe pas, destinée à racler la sueur du cheval après le travail ou l'eau après la douche. Métallique à l'origine, il en existe aujourd'hui en plastique, en caoutchouc...

Crin : poil long et raide de la queue et de la crinière du cheval.

Curer : nettoyer les pieds du cheval. On emploie le même mot pour désigner le nettoyage de l'écurie.

D

Débourrage : premier dressage du jeune cheval, dont l'objectif est de lui faire accepter la selle, le mors et un cavalier.

E

En-tête : marque blanche sur le front.

Étalon : cheval mâle réservé à la reproduction.

Éthologie : science qui étudie les comportements des animaux. Le dressage des nouveaux maîtres (les chuchoteurs) se fonde sur l'éthologie.

Étrille : brosse munie de dents ou de picots, utilisée pour débarrasser le pelage du cheval des plus grosses impuretés.

F

Fanons : touffes de poils situées à l'arrière du boulet du cheval. Plus ou moins longs, ils protègent les parties sensibles du pied de l'humidité, de la boue...

Filet : *voir bridon*.

Foal : nom donné au poulain ou à la pouliche de sa naissance jusqu'au 1er janvier de l'année suivante.

Fourbure : maladie du pied du cheval, due à une alimentation trop riche ou au manque d'exercice.

G

Garrot : partie saillante du cheval située à la base de l'encolure.

H

Haras : établissement où l'on élève des étalons et des juments pour la reproduction, l'amélioration et la sauvegarde des races.

Harnachement : ensemble des harnais (bridon et selle par exemple), nécessaires au cavalier pour monter à cheval ou le faire travailler en longe, en attelage, au labour...

Hippologie : étude du cheval.

Hipposandale : utilisée dans l'Antiquité, sorte de chaussure attachée au pied du cheval à la place du fer clouté.

L

Lad : garçon d'écurie qui soigne les chevaux de course.

Ladre : zone de peau sans pigments et sans poils, située au bout du nez ou des lèvres.

Lavés : se dit des crins, lorsqu'ils sont plus clairs que le pelage du cheval.

Lice : barrière qui clôture la carrière.

Licol : harnais de tête pourvu d'une longe servant à promener et à attacher le cheval.

Litière : couche de paille (sciure, copeaux...) que l'on répand sur le sol de l'écurie pour isoler du froid et absorber l'urine.

Longe : corde reliée au licol, utilisée pour tenir, mener et attacher un cheval.

M

Manège : espace couvert où l'on pratique l'équitation.

Mash : préparation légère et nutritive que l'on donne aux chevaux qui ont des problèmes de digestion.

Monter à cru : monter sans selle.

Mors : pièce de métal placée dans la bouche du cheval. Reliée aux rênes, elle permet au cavalier de conduire son cheval.

O

Œil (cheval sur l') : se dit d'un cheval nerveux, au caractère ombrageux.

P

Paddock : enclos où l'on garde les chevaux sans les attacher. Désigne aussi l'enceinte où les chevaux sont présentés avant une course ou une compétition.

Palefrenier : personne qui s'occupe de l'entretien et du bien-être des chevaux d'une écurie.

Panser : toiletter le cheval, à l'aide d'une étrille et de plusieurs brosses.

Parer : enlever l'excédent de corne des sabots du cheval et les remettre d'aplomb.

Postérieurs : jambes arrière du cheval.

Poulinière : jument destinée à la reproduction.

R

Rênes : longues lanières, le plus souvent en cuir. Reliées au mors, elles servent à diriger le cheval.

Reprise : leçon d'équitation donnée à un groupe de cavaliers sur la carrière ou dans le manège. Ce terme désigne aussi l'ensemble des cavaliers qui prennent la leçon, ou encore un enchaînement de figures de dressage.

Robe : couleur des poils et des crins du cheval.

S

Stud-book : registre généalogique sur lequel sont enregistrés tous les chevaux d'une même race reconnus officiellement et donc « munis de papiers ».

T

Tapis de selle : tapis placé entre la selle et le dos du cheval pour absorber la sueur et réduire le frottement.

Tic : mauvaise habitude que le cheval adopte souvent par ennui.

Travail : entraînement du cheval.

V

Vider les étriers : faire une chute de cheval.

Vibrisses : longs poils tactiles situés sur le nez et les lèvres du cheval.

Y

Yearling : nom issu de l'anglais désignant un jeune cheval entre 1 et 2 ans. Terme surtout employé pour les pur-sang.

Z

Zain : cheval dont la robe ne comporte aucun poil blanc.

INDEX

ADRESSES UTILES

NOMBREUX SONT LES ORGANISMES, LES ASSOCIATIONS, LES MUSÉES, LES ARTISTES QUI S'OCCUPENT DES CHEVAUX, LES PROTÈGENT, LES METTENT EN SCÈNE... DÉCOUVRE ET GARDE CES ADRESSES PRÉCIEUSEMENT : ELLES TE SERONT UTILES UN JOUR !

IL EXISTE UNE FOULE D'AUTRES LIEUX INTÉRESSANTS À CONNAÎTRE POUR LES AMOUREUSES DU CHEVAL : ALORS, RESTE À L'AFFÛT, ET COMPLÈTE TON RÉPERTOIRE EN CHERCHANT D'AUTRES ADRESSES !

FÉDÉRATION FRANÇAISE D'ÉQUITATION (FFE)

9, bd Macdonald – 75019 Paris
Tél. : 01 58 17 58 17
Site : www.ffe.com
Sa mission : « définir la politique de l'équitation en France, et coordonner l'ensemble des activités équestres ».
Sur son site Internet, tu peux t'informer sur l'actualité, les manifestations dans chaque région...

FFE CLUB

Parc équestre – 41600 Lamotte-Beuvron
Tél. : 02 54 94 46 00
Elle s'occupe des clubs et des licenciés de la Fédération.

DÉLÉGATION NATIONALE AUX SPORTS ÉQUESTRES (DNSE)

81, av. Édouard-Vaillant
92517 Boulogne-Billancourt
Tél. : 01 58 17 58 17
Elle s'occupe des sports de compétition : saut d'obstacles, dressage, concours complet.

DÉLÉGATION NATIONALE AU TOURISME ÉQUESTRE (DNTE)

Même adresse que la FFE
Tél. : 01 53 26 15 50
Chaque année, elle édite une brochure référençant les adresses de tous les centres de randonnée.
Elle organise aussi les examens de tourisme équestre.

HARAS NATIONAUX

BP6, route de Troche – 19 231 Arnac-Pompadour cedex
Tél. : 05 55 73 83 91
Site : www.haras-nationaux.fr
Les haras français (une vingtaine) sont les « dépôts d'étalons nationaux ». Ils dépendent du ministère de l'Agriculture et de la Forêt. Tu peux les visiter.

POUR PROTÉGER LES CHEVAUX

LIGUE FRANÇAISE POUR LA PROTECTION DU CHEVAL

124, rue du Vieux-Pont-de-Sèvres
92100 Boulogne-Billancourt
Tél. : 01 46 21 49 00
Site : www.lfpc.asso.fr
Pour t'informer sur les droits du cheval définis par la loi, et savoir ce qu'il faut faire si tu es témoin de maltraitance.

PECH-PETIT

Écurie retraite
46230 Cremps
Tél. : 03 20 72 14 67
Site : www.pechpetit.com
Le domaine offre une retraite heureuse à des chevaux et des ânes malades, blessés ou âgés. Si tu passes dans le Lot, rends-leur une petite visite !

ACADÉMIE D'ART ÉQUESTRE

Manège de la grande écurie du château de Versailles
78000 Versailles
Tél. : 01 39 02 07 14
Site : www.acasequestre.com
Bartabas dirige cette académie où, comme au temps de Louis XIV, l'équitation est considérée et enseignée comme un art. Tous les jours, à plusieurs reprises, tu peux assister à l'entraînement des élèves écuyers et de leurs lusitaniens. Magique !

CADRE NOIR DE SAUMUR

Terrefort, BP 207 – 49411 Saumur Cedex
Tél. : 02 41 53 50 50
Site : www.cadrenoir.tm.fr
L'École nationale d'équitation maintient la tradition d'art équestre français défini au XVIIIe siècle par François Robichon de la Guérinière. Les écuyers du Cadre noir font des démonstrations de haute école, (belles comme des ballets !) soit à l'École de Saumur, soit lors de spectacles ou manifestations dans d'autres villes.

CIRQUE NATIONAL ALEXIS GRÜSS

41, avenue Corentin-Cariou – 75019 Paris
Tél. : 01 40 36 08 00.
Site : www.alexis-gruss.com
Ce « cirque à l'ancienne » perpétue une tradition héritée de 5 générations d'écuyers hors pair ! Magnifiques, les numéros de dressage, d'école andalouse ou de poste hongroise...

MUSÉE DU CHEVAL

Château de Saumur – 49400 Saumur
Tél. : 02 41 40 24 40
Éperons antiques, étriers, selles variées, objets insolites...
Ce beau musée retrace l'histoire du harnachement du cheval et de l'équitation à travers le monde et le temps.

MUSÉE DU CHEVAL DE COURSE

Château de Maisons-Lafitte – 78600 Maisons-Laffitte
Tél. : 01 39 62 01 49
À visiter : le centre d'entraînement, les écuries, l'hippodrome et ce beau musée, situé dans le sous-sol du château, qui te raconte la belle histoire de Maisons-Laffitte.

MUSÉE VIVANT DU CHEVAL

Grandes Écuries, BP 242 – 60631 Chantilly Cedex
Tél. : 03 44 57 13 13
Au programme : spectacles équestres et 30 salles présentant une forge de maréchalerie et des collections de sellerie ancienne, chevaux de bois, tableaux, photos... Incontournable !

MUSÉE VIVANT DU CHEVAL DE TRAIT

Rue du Breuil – 43420 Pradelles
Tél. : 04 71 00 87 87
Dans ce beau relais de poste du XIXe siècle, tu peux voir toutes les races françaises de chevaux de trait et d'ânes reconnues par les haras nationaux, une grande collection de véhicules hippomobiles... Le musée est ouvert de Pâques à la Toussaint.

Les costumes des p. 80-81, 84-85, 90-91 et 94-95 ont été conçus et confectionnés par **Marion Brunon**.
Merci à Decathlon (Portet-sur-Garonne) qui nous a prêté du matériel et des vêtements, et à Ibero Import (Rodez) pour le prêt du costume de la p. 83 (d).

CRÉDIT PHOTOGRAPHIQUE

BIOS
Klein/Hubert : 1re de couverture (mm), p. 6-7, p. 67 (md), p. 76 (mg), p. 77 (bg), p. 82-83, p. 94 (m), 95 (bg) ; Klein : p. 18 (b), Nicolotti Muriel : p. 39 (b) ; Gunther Michel : p. 86.

BLUE BOX
Ronald Wittek : p. 41 (m) ; Manuel Behrendt : p. 51 (mg) ; Harscher Reiner : p. 76 (bd) ; Harald Lüder : p. 88 ; Liedtke Benrnd : p. 89 (bd).

BRIDGEMAN-GIRAUDON
P. 51 (md).

CHEVAL D'AVENTURE/ANNE MARIAGE
P. 87 (hg, b).

COGIS
Labat : 1re de couverture (hg), p. 5 (hg), p. 38 (mg) ; Farissier : 1re de couverture (md), p. 5 (md), p. 39 (md), p. 45 (b), p. 80 (mg), p. 92 (b) ; Monnier : p. 17 (b), p. 45 (m), p. 55 (hd), p. 61 (m), p. 102 (bg) ; Miriski : p. 44 (mg), p. 73 (hd), p. 79 (mg), p. 82 (mg, bd), p. 97 (h), p. 98 (bd), p. 99 (m) ; Delaborde : p. 77 (h) ; Gissey : p. 79 (bd), p. 93 (h) ; Hermeline : p. 83 (m), Vidal : p. 93 (b), Varin : p. 98 (bg).

COLIBRI
L. Chaix : p. 23 (m) ; J. Delpech : p. 38 (bg) ; F. et J.-L. Ziegler : p. 45 (hd), p. 50 (g), p. 65 (hd) ; J.-A. Mayet : p. 57 (m) ; L. Chocat : p. 57 (bg) ; Magnin : p. 59 (bg) ; J. Joannet : p. 68 (md) ; P. Fontaine : p. 80-81 ; D. Alet : p. 96 ; R. Toulouse : p. 99 (hd) ; C. Baranger : p. 99 (hg) ; J.-Y. Lavergne : p. 101 (h).

GILLES DELABORDE
P. 47 (bd), p. 58 (bd), p. 65 (hg, m), p. 70 (b), p. 71 (hd), p. 78, 79 (h), p. 81 (hd), p. 84 (m), p. 85 (m).

HOA-QUI (AGE)
P. 87 (md).

OPTIPRESS
Sabine Stuewer : 1re de couverture (bg), p. 8 (h), p.17 (m), p. 34, p. 40-41 (m), p. 89 (m), p. 103 ; Bob Langrish : p. 16-17 (m), p. 19 (h), p. 37 (hg), p. 51 (bd), p. 57 (bd), p. 58 (h), p. 61 (bd), p. 63, p. 74, p. 77 (bd), 4e de couverture (bg) ; Ardina Strüwer : p. 37 (hm) ; Annette Soumillard : p. 40 (mg, mm, md), p. 41 (h), p. 45 (hg), p. 60, p. 61 (h) ; Alain Laurioux : p. 41 (b) ; Anne-Sophie Flament : p. 44 (hd), Frédéric Chéhu : p. 58 (m), p. 65 (bg), p. 68 (b), p. 70 (m), p. 90 (m), p. 91 (mg) ; Florence Toubon : p. 71 (hg, m).

PHONE
Grenet/Soumillar : p. 9 (h, b), p. 37 (b), p. 44 (md, b), p. 52, p. 54, p. 55 (hg, m, bd), p. 59 (h, m, bd), p. 72 (m, b), p. 73 (hg), p. 76 (h), p. 83 (bg), p. 92 (h), p. 98 (mg, m, md) ; Valter Raymond : p. 19 (m), p. 38 (bd) ; Ferrero/Labat : p. 67 (mg).

PHOTO12.COM/COLLECTION CINÉMA
P. 58 (bg), p. 64 (h, m, bg, bd).

MILAN/P. MASSACRET
1re de couverture (hd, mg), 4e de couverture (bd), p. 5 (hd), p. 8 (b), p. 10, p. 12, p. 13, p. 14 (bg, bd), p. 15 (b), p. 16 (mg, m, md), p. 17 (h, mg, md), p. 18 (hg, hd), p. 19 (bg, bm, bd), p. 20, p. 21, p. 22, p. 23 (h, b), p. 24, p. 25, p. 26, p. 27, p. 28, p. 29, p. 31, p. 33, p. 36, p. 37 (hd, md), p. 38 (md), p. 39 (h), p. 46, p. 47 (hg, hd, bg), p. 48, p. 50 (bd), p. 56, p. 62, p. 69, p. 70 (bd), p. 72 (h), p. 73 (mg), p. 80 (h, b), p. 81 (m, b), p. 83 (d), p. 84 (h, b), p. 85 (h, b), p. 90 (h, b), p. 91 (h, b), p. 94 (h, b), p. 95 (h), p. 100 (mg).

P. 75 (bd) : DR.

Les activités des p. 14 (couverture mosaïque), p. 14-15 (cahier de Lilou), et p. 49 (enveloppe) ont été réalisées par l'auteur avec des pages découpées dans *Cheval Magazine* et *Cheval Star*, avec leur aimable autorisation.